D1869028

100 Pilze

Hans E. Laux

Essbare und giftige Arten, die man kennen sollte

KOSMOS

In Mitteleuropa schätzt man die Zahl der Großpilze auf über 6000 Arten. „100 Pilze, die man kennen sollte" kann da nur einen kleinen Bruchteil vorstellen. Andererseits sind hundert Pilze sehr viel – jedenfalls mehr, als die meisten Menschen heutzutage kennen. Das Buch lädt zum Kennenlernen auffälliger, häufiger oder besonders interessanter Pilze ein. Es ist keines der üblichen Bestimmungsbücher, sondern hier werden anhand ausgesuchter Beispiele und mit unterhaltsamen Texten Alltägliches und Nichtalltägliches aus der Pilzwelt vermittelt.

Dieses Buch wendet sich an alle, die sich für Pilze im Allgemeinen und fürs Pilze sammeln im Speziellen interessieren. An Leute, die so oft wie möglich in Wald und Flur auf der Suche nach essbaren Pilzen, aber auch nach Interessantem und Neuem unterwegs sind.

Wir haben die hundert Pilze in vier Gruppen eingeteilt:

Röhrenpilze

Blätterpilze

Sprödblättler (Täublinge und Milchlinge)

Nichtblätterpilze

Die ausführlichen Texte informieren über Aussehen, Lebensweise und Besonderheiten der einzelnen Pilze, ob sie essbar, ungenießbar oder giftig sind, woran man sie am besten erkennt und weshalb sie ihre Volksnamen erhalten haben.

Für den Pilzsammler sind natürlich die essbaren Pilze am wichtigsten. Deshalb sind

Geheimnisvolle Pilze

Pilze haben unsere Vorfahren immer mit bösen Mächten in Verbindung gebracht. Ihr plötzliches Auftreten und spurloses Verschwinden war den Menschen ungeheuer. Selbst bei Hungersnöten hat man sie gemieden. Volksnamen wie Hexenröhrling, Hexeneier, Hexenringe, Satanspilz oder Speiteufel sprechen eine deutliche Sprache! Im Mittelalter hielt man noch jene Pilze für giftig, die neben giftigen Schlangen, rostigem Eisen oder faulenden Stoffen wuchsen.
Heute haben die Pilze ihren Mythos verloren, ihre Geheimnisse sind fast alle entschlüsselt – trotzdem bleiben sie noch vielen Menschen fremd und voller Rätsel.

auch die schmackhaftesten und am häufigsten gesammelten Speisepilze wie Steinpilz, Pfifferling, Morcheln, Rotkappen und Egerlinge aufgeführt. Aber es werden auch Speisepilze vorgestellt, die weniger bekannt sind und gesammelt werden, aber sehr gut schmecken und auch Ernten ermöglichen, wenn es mit Pilzen einmal nicht so gut bestellt ist, oder wenn schon jemand vorher da war. Wer sammelt schon Kuhmaul, Herbst-Trompete, Samtfuß-Rübling, Brätling oder Rauchblättrigen Schwefelkopf?

Der Steinpilz ist einer der bekanntesten und beliebtesten Pilze und gilt als Prototyp des Speisepilzes.

Natürlich kommen aber auch die gefährlichsten Giftpilze und die neuesten Erkenntnisse zum Zug: Warum der jahrelang als Speisepilz gesammelte Kahle Krempling und der Grünling nun in die Gruppe der Giftpilze gehören oder welche rätselhaften Todesfälle nach dem Genuss von Rauköpfen aufgetreten sind.

Und dann gibt es noch die große Gruppe der Pilze, die zwar nicht essbar, aber von großem Interesse sind. Wer weiß schon, welche Bedeutung der Zunderschwamm hatte und hat. Dass man jahrhundertelang mit ihm Feuer machte, und dass heute aus seinen Hüten in Osteuropa Handtaschen für Touristen hergestellt werden? Oder wissen Sie, dass sich unser Dichterfürst Goethe als Mineralienfreund lebhaft für Pilze, die aus Steinen wachsen, interessierte?

Viel Spaß beim Lesen und viel Erfolg beim Sammeln!

Das „Gegenstück" zum Steinpilz ist der allseits bekannte giftige Fliegenpilz mit seinem rot-weißen Hut.

Was wir gemeinhin als Pilze bezeichnen und im Korb nach Hause bringen, sind nur ein Teil des Gesamtorganismus, und zwar die kurzlebigen Fruchtkörper. Sie dienen der Fortpflanzung und entwickeln sich als Anschwellungen an haardünnen Fäden, die den Untergrund wie ein Spinngewebe durchziehen. Der Fruchtkörper geht zugrunde, sobald er reif ist und die Vermehrungskörper (Sporen) verstreut hat. Das Fadengeflecht (Myzel) dagegen wächst weiter.

Da dem Pilz das Blattgrün fehlt, mit dessen Hilfe sich die Pflanzen ernähren, kann er die Stoffe, die er zum Leben und Wachstum braucht, nur in „fertiger“ Form aufnehmen. Er entzieht sie durch das Fadengeflecht dem Boden, der Laub- und Nadelstreu, totem oder lebendem Holz – praktisch allen organischen Materialien. Im Laufe der Entwicklung haben sich bei den Pilzen drei verschiedene „Techniken“ des Nahrungserwerbs durchgesetzt: Partnerschaft mit Bäumen, Abfallverwertung und Parasitismus.

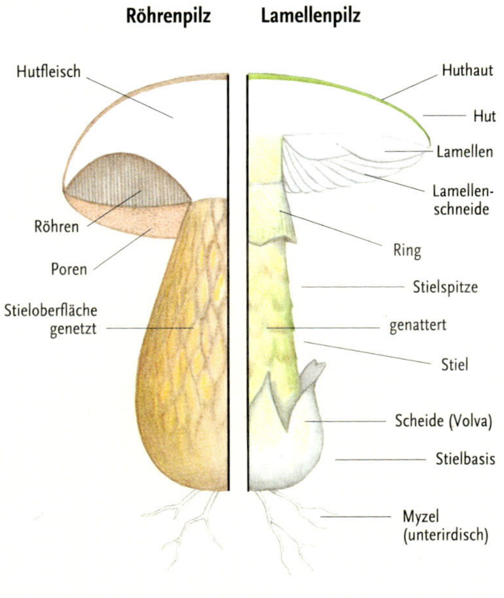

Schematischer Aufbau eines Hutpilzes

Lukratives Tauschgeschäft

Zahlreiche Großpilze leben in einer Partnerschaft mit Bäumen. Einige von ihnen haben sich auf ganz spezielle Baumarten festgelegt, andere sind weniger anspruchsvoll und leben mit verschiedenen Laub- und Nadelbäumen zusammen. Ihre Pilzgeflechte umwachsen die Wurzeln der Partner oder dringen in dieselben ein. „Mykorrhiza“ nennen die Fachleute dieses Zusammenleben, von dem beide Partner profitieren. Der Pilz liefert dem Baum über sein umfangreiches unterirdisches Pilzgeflecht Wasser und darin gelöste Nährsalze. Als Gegenleistung bezieht er vom Baum Kohlenhydrate, die er nicht selbst produzieren kann.

Der Knopfstielige Rübling gehört zu den Recyclingspezialisten, die Laub- und Nadelstreu zersetzen.

Recyclingspezialisten

Sehr viele Pilze, die so genannten Saprophyten (griechisch sapros = in Fäulnis übergehend; phyton = Pflanze) haben sich auf die Zersetzung organischen Abfalls spezialisiert. Sie entziehen toten organischen Materialien wie Laub, Nadeln und Totholz deren Restnährstoffe und führen sie in den Kreislauf der Natur zurück. Ohne die Tätigkeit dieser Recyclingspezialisten würden wir in pflanzlichen Abfällen, Laub und Totholz ersticken.

Auf Kosten anderer leben

Pilze, die ihre Nährstoffe von lebenden Pflanzen beziehen, bezeichnet man als Parasiten. Sie schädigen ihren Wirtsorganismus und führen nicht selten zu dessen Absterben. Viele dieser parasitischen Pilze leben an Bäumen und sind gefürchtete Schädlinge. Manche sind auf eine einzige Baumart spezialisiert, andere wiederum sind nicht ganz so wählerisch. Dabei werden schwächere oder vorgeschädigte Bäume in der Regel zuerst besiedelt. Manche Pilze können sich sowohl saprophytisch als auch parasitisch verhalten.

Vermehren auf verschiedene Weise

So seltsame Lebewesen die Pilze sind, so kompliziert für den Laien vermehren sie sich. Pilze können sich geschlechtlich oder ungeschlechtlich fortpflanzen. Manche Pilze machen es mit Erfolg auf beide Arten. Vermehrungskörper, die man zur Reifezeit gut erkennen kann, sind die Sporen, die unter der Hutunterseite gebildet werden.

Wie eingestäubt sehen Zunderschwamm und Umgebung aus, wenn die Sporen reif sind und ausgeschleudert werden.

Die meisten Großpilze bevorzugen neben individuellen Ansprüchen an die Bodenbeschaffenheit spezielle Waldtypen, in denen sie als Bodenbewohner die für ihre partnerschaftliche Lebensweise notwendigen Baumarten antreffen. In diesen Lebensbereichen finden sich in Folge spezielle Laub- und Nadelstreuzersetzer und auch die gefürchteten Baumparasiten ein. Pilzgesellschaften findet man aber auch außerhalb der Wälder. Das Wissen um diese Lebensgemeinschaften macht es dem Pilzsammler leichter, bestimmte Pilze zu finden.

Pilze der Laubwälder

In den Laubwäldern Mitteleuropas wachsen vor allem Eichen, Rotbuchen, Linden, Birken und Eschen. Sie können also davon ausgehen, dass hier Pilze zu finden sind, die sich zum einen Laubbäume, zum andern aber auch ganz spezielle Laubbäume als Partner oder Wirt ausgewählt haben. In sommerwarmen Rotbuchenwäldern wird man Herbst-Trompete, Pfeffer-Milchling, Satansröhrling und Herkuleskeule antreffen. An Buchenstümpfen lebt das Stockschwämmchen. Wo Eichen wachsen, wird der gefürchtete Grüne Knollenblätterpilz in der Laubstreu zu finden sein. Und bis hoch hinauf ins Astwerk wächst an geschädigten Stämmen der prächtige Eichen-Feuerschwamm.

Lebenspartner Birke

Die Birke ist ein Baum, auf den sich viele verschiedene Pilze festgelegt haben:
Birken-Milchling (Partner)
Birkenpilz (Partner)
Birkenporling (Parasit)
Birken-Röhrling (Partner)
Birken-Rotkappe (Partner)
Birken-Schneckling (Partner)
Birken-Speitäubling (Partner)
viele Raustielröhrlinge (Partner)
Weißflockiger Gürtelfuß (Partner)

Pilze der Nadelwälder

Fichte, Lärche, Tanne und Kiefer sind unsere wichtigsten Nadelbäume. Die Fichte ist ursprünglich in Bergregionen zuhause. Der Baum mit seinem schön gerade und schnell wachsenden Stamm ist forstwirtschaftlich von großem Interesse und wurde deshalb früh ins Flachland geholt. Gepflanzte Fichtenwälder sind botanisch nicht sehr reichhaltig, bisweilen fehlt hier fast jeder Pflanzenwuchs. Dafür findet der Pilzsammler im Fichtenwald begehrte Speisepilze wie den

In einem Fichtenwald wird der Pilzfreund auf eine ganz andere Pilzgesellschaft treffen als im Laubwald.

Pfifferling, Maronen-Röhrlinge und mit etwas Glück herrliche Steinpilze. Im Herbst liefert das Rauchblättrige Schwefelköpfchen an den Stümpfen reiche Ernten. Unter Lärchen wächst der leicht erkennbare Gold-Röhrling, der dem Waldbaum bis in Gärten und Parkanlagen folgt. Kiefern haben keine besonderen Standortansprüche. Sie sind Partner vom Grünling, Körnchen-Röhrling und Butterpilz.

Pilze auf Wiesen und Grasplätzen

Wenn Wiesen-Egerlinge nach Trockenheit bei Regen in riesigen Mengen auf Wiesen und Weiden hervorschießen, ist das im wahrsten Sinne des Wortes ein gefundenes Fressen für den Pilzsammler. Auch die weißen Schopf-Tintlinge und die Hexenringe des Nelken-Schwindlings sind auf grasigen Plätzen nicht übersehbar.

Pilze allerorten

Die so genannten „Kohlepilze“ wie der leicht erkennbare Kohlen-Schüppling oder der Braune Kohlen-Tintling haben sich zum Beispiel Brandflächen als Lebensraum ausgewählt. Hier kann man im Frühjahr, wenn der Huflattich blüht, aber auch die hoch geschätzten Spitz-Morcheln antreffen. Kompost- und Dunghaufen haben ebenso eine eigene Pilzflora wie Tierleichen – keine Ecke in der Natur, in der nicht irgendwelche Pilzspezialisten angesiedelt sind, die für den Stoffkreislauf in ihrem Lebensraum Sorge tragen.

Für den interessierten Pilzfreund gibt es viel zu erleben und zu entdecken!

Der Granatrote Saftling hat seinen Standort auf Magerwiesen, auf denen auch der Deutsche Enzian wächst.

Jedem, der von der faszinierenden Leidenschaft des Pilze sammelns erfasst wird, möchte ich als „Mitgift" eine gute Portion Vorsicht in den Sammelkorb legen. Sammeln Sie für den Verzehr immer nur Pilze, die Sie ganz genau kennen! Allein die sichere Kenntnis aller wichtigen Merkmale schützt vor Schaden. Giftige Pilze haben keinen allgemein gültigen „Erkennungscode". Weder unangenehmer Geruch noch Verfärbung des Fleisches oder gar die früher weit verbreitete Meinung von der Schwarzfärbung eines dem Gericht beigelegten Silberlöffels helfen Giftpilze zu erkennen.

Hitliste der Giftpilze

Grüner Knollenblätterpilz
Kegelhütiger Knollenblätterpilz
Tiger-Ritterling
Spitzgebuckelter Raukopf und andere Rauköpfe
Panther-Pilz
Gift-Lorchel
Gift-Häubling
Karbol-Egerling und verwandte Arten
Kahler Krempling
Riesen-Rötling
Satans-Röhrling
verschiedene kleine Schirmlinge

Pilze sammelt man am besten in einem Korb und reinigt sie schon im Wald von anhängender Laub- und Nadelstreu.

Pilze kennen lernen

Möglichkeiten, Pilze näher kennen zu lernen, bieten Pilzvereine mit Pilzführungen, Ausstellungen und Vorträgen. Gut ist die Bekanntschaft eines erfahrenen Pilzkenners, der einen mitnimmt und immer wieder neue Arten zeigt. Besonders wichtig ist das Kennenlernen der giftigen Doppelgänger unserer Speisepilze. Packen Sie von neuen unbekannten Pilzen möglichst verschiedene Altersstufen mit der kompletten Stielbasis in einen separaten Korb und checken Sie deren Merkmale zunächst einmal zuhause anhand eines guten Pilzbestimmungsbuches ab. Gehen Sie dann sicherheitshalber mit Ihrem Fund zu einer Pilzberatungsstelle, denn auch das Bestimmen anhand eines Buches will gelernt sein. Beim kleinsten Zweifel dürfen Pilze nicht verzehrt werden!

Pilze richtig sammeln

Der wichtigste Ausrüstungsgegenstand für den Pilzsammler ist ein luftdurchlässiger Korb. Bauen Sie am besten noch eine Unterteilung ein, damit noch unbekannte Arten separat untergebracht werden können. Für Pilze, die auf Holz und Baumstümpfen wachsen, benötigen Sie ein kleines Messer zum Abschneiden. Am Boden wachsende Pilze werden vorsichtig aus dem Humus herausgedreht, damit die Stielbasis erhalten bleibt.

Zum Trocknen werden die Pilze sauber geputzt, in Scheiben geschnitten und auf Schnüren aufgereiht.

Sammeln Sie für die Küche nur junge Exemplare. Alte Pilze können wie altes Fleisch oder Fisch gefährliche Vergiftungen verursachen.

Ziehen Sie bei Pilzen, die stark schleimig sind, die Huthaut ab, damit das Sammelgut nicht im Korb zusammenklebt.

Pilze werden in der Regel nicht mehr in riesigen Mengen gesammelt, um die schmalen Haushaltskassen aufzubessern. Sie gelten heute als feine Delikatesse zur Ergänzung delikater Gerichte. Ihr Nährwert entspricht feinem Gemüse – große Mengen werden also nicht benötigt.

Pilze richtig verarbeiten

Wenn Sie jedoch einmal großes Sammlerglück haben und vielleicht auch vom Sammelrausch erfasst werden, dann empfehle ich die Konservierung in der Tiefkühltruhe oder – etwas umständlicher – das Trocknen. Da die Pilze einen hohen Wassergehalt haben, sollten sie schnell und schonend trocknen. Bei trockenem und warmem Wetter geht das an der Luft, einfacher allerdings auf einem elektrischen Dörrapparat.

Röhrenpilze

Wer Speisepilze sammeln möchte, ist gut beraten, zunächst einmal leicht erkennbare Pilze zu sammeln. Und da bieten die Röhrenpilze den besten und sichersten Einstieg. Alle Mitglieder dieser Pilzgruppe sind deutlich in Hut und Stiel gegliedert. Die meist großen, dickfleischigen Hüte haben auf ihrer Unterseite eine sich leicht vom Hutfleisch ablösende, schwammartige Röhrenschicht – das deutliche Erkennungsmerkmal dieser Pilzgruppe.
Viele Vertreter der Röhrenpilze sind vorzügliche Speisepilze, allen voran sei hier der bekannteste Vertreter und zugleich unser wertvollster Speisepilz, der Steinpilz, genannt. Einige Arten, wie der Gallen-Röhrling, ein Doppelgänger vom Steinpilz, schmecken bitter und scheiden aus diesem Grund als Speisepilze aus. Und einige wenige, wie der Satansröhrling mit seiner im Alter gut kenntlichen blutroten Porenschicht, sind giftig.
In Deutschland gibt es etwa 80 verschiedene Röhrenpilze, die in einige Untergruppen aufgeteilt sind. Die Schmierröhrlinge haben eine schleimig-schmierige Hutoberfläche. Bei den Filzröhrlingen dagegen ist die Haut trocken und glatt bis feinfilzig. Und die Vertreter der Raufußröhrlinge haben einen rauflockigen Stiel.

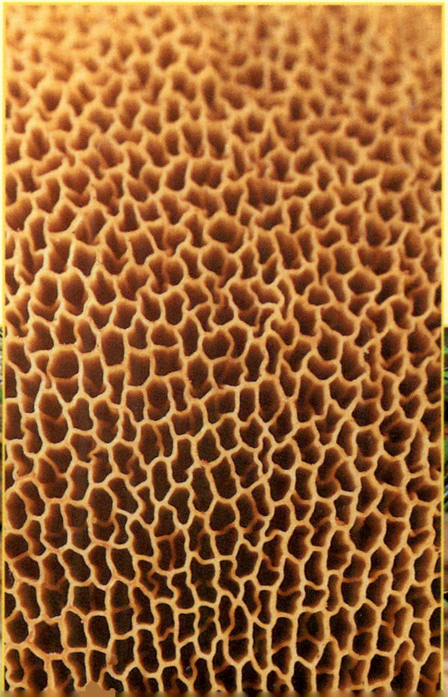

Butter-Röhrling
Suillus luteus

- **Schmierröhrling**
- **Juni bis November**
- **unter Kiefern**
- **essbar**

Merkmale

Hut 5–12 cm, feucht mit Schleimschicht, gelb- bis schokoladenbraun. Poren gelb. Stiel mit häutigem Ring. Fleisch hellgelb.

Ein Geschäft auf Gegenseitigkeit

Zwischen vielen Pilzen und Bäumen hat sich eine hochinteressante Lebensgemeinschaft in Form einer Wurzelsymbiose – auch Mykorrhiza genannt – gebildet, ohne die der Partner nicht leben könnte. So hat sich der Butter-Röhrling zum Beispiel auf zweinadelige Kiefern als Partner spezialisiert.

Die Pilzfäden des **Butter-Röhrling**s umspinnen die Wurzelenden der Kiefer und versorgen den Baum mit Wasser und Mineralstoffen. Als Gegenleistung liefert ihm die Kiefer Kohlenhydrate und andere lebensnotwendige Substanzen, die der Pilz nicht selbst herstellen kann. Je nachdem, welchen Baumpartner der Pilz bevorzugt, kann der kundige Pilzfreund oft schon ohne näheres Betrachten des Pilzes, allein anhand des Baumes eingrenzen, um welchen Pilz es sich handeln könnte. Viele Pilze haben aus diesem Grund in ihrem Namen auch den Baumpartner genannt (Eichen-Rotkappe, Espen-Rotkappe, Birkenpilz, Fichten-Reizker). Manche Pilze leben mit unterschiedlichen Bäumen zusammen, andere dagegen sind auf eine ganz bestimmte Baumart spezialisiert.

Ein leuchtend gelber Schmierfink

Zu den Röhrlingen gehört eine Gruppe von Pilzen, die dadurch auffallen, dass ihre Huthaut zumindest bei feuchter Witterung schmierig ist, so dass alles Mögliche an ihr hängen bleibt. Vielleicht haben diese Pilze daher auch ihren wissenschaftlichen Namen Suillus (griechisch sus = Schwein) bekommen?

Gold-Röhrling
Suillus grevillei

- Schmierröhrling
- Juni bis Oktober
- unter Lärchen
- essbar

Merkmale

Hut 5–15 cm, feucht stark schleimig, hellgelb bis orangebraun. Poren gelb. Stielring wulstig. Fleisch hellgelb.

Der gelbe Hut, die hellgelbe Färbung vom Fruchtfleisch und die jung ebenfalls gelben Poren haben dem **Gold-Röhrling** zu seinem Namen verholfen und machen ihn unverwechselbar. Zudem ist dieser Pilz immer dort zu finden, wo auch eine Lärche in der Nähe steht, und das muss nicht nur im Wald sein! Der Pilz kann unter seinem Begleitbaum, der Lärche, auch in Parkanlagen und sogar in Gärten in Mengen auftreten.
Wer Gold-Röhrlinge sammelt, der sollte auf jeden Fall gleich die Huthaut abziehen, damit die Pilze nicht miteinander verkleben, das ganze Sammelgut verschmieren und eine „Schweinerei" im Korb verursachen.
Je feuchter die Witterung, desto schmieriger ist die Huthaut. Man sollte diese Pilze daher am besten bei trockenem Wetter sammeln.
In der Küche ist der Gold-Röhrling geschätzt und wird auf vielfältige Weise zubereitet.

Körnchen-Röhrling
Suillus granulatus

- **Schmierröhrling**
- **Juni bis Oktober**
- **unter Kiefern**
- **essbar**

Merkmale

Hut 4–10 cm, feucht schmierig, gelb- bis rotbraun. Poren jung mit milchigen Tröpfchen. Stiel gelblich, ohne Ring.

Ein Kosmopolit der Milch gibt

Wie die Blütenpflanzen sind auch die Pilze auf unserer Erde unterschiedlich weit verbreitet. Manche fühlen sich nur unter ganz bestimmten biologischen Verhältnissen in relativ begrenzten Räumen wohl, andere dagegen sind weniger „heikel" und über alle Kontinente hinweg verbreitet.

Der **Körnchen-Röhrling** ist solch ein Weltbürger, der unter verschiedenen, in der Regel zweinadeligen Kiefernarten wächst. In manche Ländern wurde er im Wurzelwerk von importierten Kiefern, sozusagen als blinder Passagier, ins Land gebracht. Außerhalb von Europa hat man diesen Pilz auch schon unter anderen Nadelholzarten gefunden.
Junge Körnchen-Röhrlinge scheiden an den Poren (kleines Bild unten) und im oberen Teil des Stieles milchige Wassertröpfchen aus (Guttationströpfchen), die dann antrocknen und zu körnchenartigen Erhebungen (Name!) am Stiel führen. Diese aktive Wasserausscheidung kommt nur bei wenigen Pilzen vor. Sie dient vermutlich der Regulierung des Wasser- und Wärmehaushaltes.
Wie alle Schmierröhrlinge sollte auch der Körnchen-Röhrling besser bei trockener Witterung und in einem separaten Korb gesammelt werden.

Ein eigenwilliges Dreiecks-Verhältnis

Dass viele Bäume ohne Pilze als Partner nicht leben können, haben wir schon beim Butter-Röhrling berichtet. Es gibt aber auch das umgekehrte Verhältnis, da kommen bestimmte Pilze nicht ohne einen Baumpartner aus. Und dann gibt es noch Pilze, die zusätzlich einen anderen Pilz zum Partner haben.

Kuh-Röhrling
Suillus bovinus

- Schmierröhrling
- Juli bis November
- unter Kiefern
- essbar

Merkmale

Hut 4–8 cm, feucht schmierig, gelb- bis orangebraun. Röhren schwer ablösbar. Poren grau- bis olivgelb. Stiel zylindrisch.

Wie alle anderen Schmierröhrlinge hat auch der **Kuh-Röhrling** einen Baumpartner. Er wächst meist gesellig bis büschelig in Lebensgemeinschaft mit Kiefern. Bisweilen findet man in seiner unmittelbaren Umgebung einen kleinen Blätterpilz, den Rosenroten Schmierling (Bild unten). Manchmal sind die Stiele beider Arten sogar an der Basis miteinander verwachsen. Während jedoch der Kuh-Röhrling offenbar auch ganz ohne diesen Pilz leben kann, vermag der Rosenrote Schmierling nicht ohne den Pilzpartner zu existieren. Der Rosenrote Schmierling gehört zu den Schmierlingen und damit zu einer ziemlich nah verwandten Pilzgruppe seines Partners. Sein schleimiger Hut ist 3–5 cm breit und – wie der Name sagt – rosarot gefärbt. Anfangs ist er gewölbt, im Alter etwas niedergedrückt. Seine entfernt stehenden Lamellen laufen sichelförmig am Stiel herab.

Schmarotzer-Röhrling
Xerocomus parasiticus

- Filzröhrling
- Juli bis Oktober
- auf Kartoffelbovisten
- kein Speisepilz

Merkmale

Hut bis 6 cm, gelbbraun, jung halbkugelig, später gewölbt. Poren gelblich. Stiel zylindrisch, gelbbraun. Fleisch zitronengelb.

Auf Kosten anderer leben

Röhrenpilze führen in der Regel ein harmonisches Leben mit Waldbäumen. Einer jedoch tanzt aus der Reihe, denn er ernährt sich als „Mitesser" von Kartoffel-Bovisten. Die vom schmarotzenden Röhrling befallenen Boviste werden schwach, können sich nicht mehr weiterentwickeln und sterben ab.

Der **Schmarotzer-Röhrling** siedelt sich ganz speziell auf dem giftigen Dickschaligen Kartoffel-Hartbovist an. Der Bovist bildet seine Existenzgrundlage, die er im Laufe des Spätsommers schamlos ausbeutet. Am Anfang entwickeln sich die Kartoffel-Hartboviste noch ganz normal, beginnen aber dann zu kränkeln und sind bald ausgepowert (kleines Bild). Mit dem Niedergang des Wirts hat jedoch auch das Schmarotzerleben ein Ende. Die Pilzkörper des Röhrenpilzes zerfallen nach der Sporenreife und verfaulen. Seit vielen Jahren beobachte ich an einer Stelle im Ried einen solchen „Zweikampf". Bislang endete er stets unentschieden, und die beiden „Feinde" treten jedes Jahr aufs Neue an. Wegen seiner Seltenheit und seiner einzigartigen Lebensweise in der Pilzwelt sollte der Schmarotzer-Röhrling unbedingt geschont werden – also bitte nicht zertreten!

Verfärbung bedeutet nicht zwangsläufig: Vorsicht giftig!

Einige Pilze ändern ihre Farbe nach Verletzung, bei Druck auf die Fruchtkörper oder beim Anschneiden. Ein Zeichen dafür, dass der Pilz giftig ist? Das wäre ein sicheres Merkmal, stimmt aber nicht. Die Farbänderung wird durch ganz bestimmte Stoffe im Pilzgewebe verursacht, die bei Luftzutritt oxidieren.

Maronen-Röhrling
Xerocomus badius

- Filzröhrling
- Juni bis November
- Nadelwald
- essbar

Merkmale

Hut 3–12 cm, schokoladen- bis dunkelbraun. Poren gelbgrün, blauend. Stiel bis 10 cm, bräunlich längs gefasert, ohne Netz.

Ein Erkennungsmerkmal des **Maronen-Röhrling**s sind seine in jungem Zustand weißlichen, später gelbgrünlichen Poren, die sich auf Fingerdruck blaugrün verfärben. Auch sein weißliches Fleisch blaut im Schnitt etwas. Aber keine Angst, dieser blauende Pilz ist nicht giftig, ganz im Gegenteil: Der Maronenpilz ist ein schmackhafter und beliebter Speisepilz. Die Blaufärbung des angeschnittenen Fleisches verliert sich sehr schnell beim Kochen.

Seit dem Reaktorunglück in Tschernobyl 1986 ist speziell der Maronen-Röhrling in Verruf geraten, da er bis heute hohe radioaktive Werte zeigt. Vorsichtige Zeitgenossen meiden deshalb den wohlschmeckenden Pilz in Gegenden mit radioaktiver Belastung.

Rotfuß-Röhrling
Xerocomus chrysenteron

- Filzröhrling
- Juni bis November
- Laub- und Nadelwald
- essbar

Merkmale

Hut 3–8 cm, oft feldrig aufgerissen, mittel- bis dunkelbraun. Poren gelbgrün. Stiel bis 7 cm, rötlich längs gestreift.

Spitzenreiter im Verderben

Die meisten Pilzarten altern schnell. Sie verlieren ihre Farbe, die Hüte werden weich und unansehnlich, das Fleisch ist von Maden durchsetzt. Alte Speisepilze dürfen nicht verzehrt werden, denn sie können wie Fleisch und Fisch bei beginnender Zersetzung gefährliche Vergiftungen verursachen!

Der **Rotfuß-Röhrling** ist eine besonders empfindliche Pilzart. Seine hellgelben Röhren färben sich rasch olivgrün. Der Hut ist gelb- bis dunkelbraun und reißt oft feldrig auf, wobei sich die Risse oft rötlich verfärben. Das Fleisch wird ungewöhnlich schnell weich und auch schon bald von unzähligen Maden befallen.
Ältere Rotfuß-Röhrlinge werden zudem oft auch noch von einem weißen, später goldgelb verfärbenden Schimmelpilz befallen (kleines Bild) – in diesem unansehnlichen Zustand allerdings wird sicherlich kein Sammler mehr auf den Gedanken kommen, den Pilz mitzunehmen. Der Rotfuß-Röhrling sollte also nur gesammelt werden, wenn man ihn auch sofort verzehrt. Länger gelagerte Pilze würden nur im Abfalleimer landen. Schade um die Mühe beim Sammeln und die wohlschmeckenden Pilze!

Klein, aber scharf

Eigentlich sieht der Pfeffer-Röhrling mit seinem gelben Fleisch recht appetitlich aus. Wer aber schon einmal ein kleines Stückchen von ihm probiert hat, der wird diesen Pilz so schnell nicht vergessen. Nicht umsonst hat er seinen deutschen und wissenschaftlichen Namen (piperatus, lateinisch = scharf) bekommen!

Pfeffer-Röhrling
Chalciporus piperatus

- Zwergröhrling
- Juli bis Oktober
- Nadel- und Mischwald
- kein Speisepilz

Merkmale

Hut 2 – 8 cm, zimt- bis rötlichbraun. Poren jung orange, alt braunrot, auf Druck bräunend. Stiel 4 – 7 cm, gelb bis rotbraun.

Der **Pfeffer-Röhrling** mit seinem zimtbraunen, samtigen Hut ist schon aufgrund seines auffallend schwefelgelben Stielgrundes und der orangefarbenen Röhrenschicht unverwechselbar. Eine Kostprobe jedoch beseitigt jeglichen Zweifel: Der pfefferartig scharfe Geschmack seines Fleisches ist einzigartig bei Röhrlingen. Der Pilz kann deshalb höchstens in kleine Stückchen geschnitten und als Würzpilz verwendet werden. Aber auch davon ist abzuraten, es gibt wahrlich andere pfeffrige Würzmittel, so dass der Pilz nicht unbedingt gesammelt werden muss.
Der Pfeffer-Röhrling kommt fast ausschließlich unter Nadelbäumen, bevorzugt unter Fichten vor; sehr selten lebt er aber auch in Gemeinschaft von Laubbäumen.

Netzstieliger Hexen-Röhrling
Boletus luridus

- Dickröhrling
- Mai bis Oktober
- Laubwald, Parkanlagen
- bedingt essbar

Merkmale

Hut 5–20 cm, ledergelblich bis dunkel orangebraun. Stiel oben gelblich, unten orangerot, mit dunklerem Netz. Blauend.

Alkohol macht ihn giftig

Vor dem Netzstieligen Hexen-Röhrling sollte man sich in Acht nehmen, obwohl er als essbar gilt. Wie „verhext" scheint dieser Pilz allerdings zu sein, wenn er zusammen mit Alkohol genossen wird. Und das gilt selbst, wenn zwei Tage vor oder nach der Pilzmahlzeit Alkohol getrunken wird!

Der **Netzstielige Hexen-Röhrling** ist gekocht bedingt essbar, in Verbindung mit Alkohol kann er jedoch unverträglich, ja sogar giftig wirken. Diese Erfahrung machte auch eine italienische Familie in unserer Nachbarstadt: Aus den selbst gesammelten Pilzen wurde ein Festmahl bereitet und dem mitgebrachten Vino beim Familientreffen kräftig zugesprochen. Es schmeckte allen vorzüglich, in der Nacht jedoch stellten sich bei allen Beteiligten Magenbeschwerden und Erbrechen ein. Die Aufregung war groß. Drei Personen kamen mit hochrotem Kopf ins Krankenhaus. Am anderen Tag konnte die Familie zwar wieder aus dem Krankenhaus entlassen werden, das „Hexengericht" werden sie aber wohl nie vergessen und auch keine Hexenröhrlinge mehr sammeln. Wie so oft bei Pilzen, ändert sich bei Trockenheit die Farbe (Bild oben).

Nomen est omen

Der Anblick eines ausgewachsenen Satans-Röhrlings mit seinem großen gewölbten steingrauen Hut und dem dickbauchigen, nach unten karminroten Stiel ist beeindruckend. Kein Wunder, wenn die an Totenköpfe erinnernden Gebilde mit dem Teufel in Verbindung gebracht wurden.

Satans-Röhrling, Teufelspilz
Boletus satanas

- **Dickröhrling**
- **Juli bis Oktober**
- **Laubwald**
- **giftig**

Merkmale

Hut 5–25 cm, grauweiß. Poren jung gelblich, bald karminrot. Stiel bis 12 cm, oben gelblich, Basis karminrot, mit Netz.

Sicherlich hat nicht nur die Giftigkeit sondern auch das Aussehen dem **Satans-Röhrling** zu Volksnamen wie Satanspilz oder Teufelspilz verholfen. Nicht genug damit, dass der Pilz schon durch sein Aussehen und die karminroten Poren abschreckt, er strömt auch noch mit zunehmendem Alter einen immer stärkeren und widerlichen Aasgeruch aus. Es wird aus all diesen Gründen sicherlich niemand auf den Gedanken kommen, den Pilz zu sammeln. Auch von anderen Röhrenpilzen mit roten Poren sollte man die Finger lassen!
Wer jedoch im Sommer in wärmeren Gegenden die bis zu fußballgroßen Pilze findet, sollte sie nicht umstoßen oder ausreißen, sondern sie als Besonderheiten stehen lassen und sich an ihrer Farbigkeit erfreuen. Auch Giftpilze haben ihren Sinn im Kreislauf der Natur und sollten nicht mutwillig zerstört werden!

Der König der Pilze gibt Rätsel auf

Immer wieder gibt es Jahre mit regelrechten „Steinpilzschwemmen". Dann kann man den Steinpilz in Fichtenschonungen in großen Mengen finden. In den darauffolgenden Jahren allerdings sucht man ihn an denselben Plätzen vergebens. Dieses Phänomen ist bis heute selbst Fachleuten noch rätselhaft.

Steinpilz, Herrenpilz
Boletus edulis

- Dickröhrling
- Juli bis Oktober
- Laub- und Nadelwald
- essbar

Merkmale
Hut 5–25 cm, hell- bis dunkelbraun. Poren weißlich, alt gelbgrünlich. Stiel bis 20 cm, hellbräunlich, mit hellerem Adernetz.

Seit jeher gehört der **Steinpilz** zu den beliebtesten und meistgesuchten Speisepilzen, und das nicht ohne Grund: schließlich locken außergewöhnliche Gaumenfreuden, und die Zahl köstlicher Rezepte ist groß. Wer sich allerdings in Pilzen noch nicht so gut auskennt, kann Gefahr laufen, Steinpilze mit dem ungenießbaren Gallenröhrling zu verwechseln. Das wäre fatal! Nicht etwa, weil dieser Pilz giftig ist, sondern weil er mit seinem gallebitteren Geschmack das ganze Pilzgericht verdirbt. Hier hilft im Zweifelsfall nur eine Geschmacksprobe. Die Fachleute unterscheiden mehrere Steinpilzarten, die sich in Hutfarbe und Begleitbäumen unterscheiden. Neben dem gewöhnlichen Steinpilz, der meist unter Fichten vorkommt und deshalb auch als Fichten-Steinpilz bezeichnet wird, gibt es den rotbraunen Kiefern-Steinpilz, ein Kiefern-Begleiter. Unter Buchen und Eichen wachsen Schwarzhütiger Steinpilz und Sommer-Steinpilz.

Gallenröhrling
Tylopilus felleus

- Gallenröhrling
- Juni bis Oktober
- Laub- und Nadelwald
- kein Speisepilz

Merkmale

Hut 5–20 cm, hell- bis graubraun. Poren jung weißlich, alt rosafarben. Stiel bis 15 cm, hellbräunlich, mit dunklerem Netz.

Der bittere Doppelgänger vom Steinpilz

Kaum eine Pilzsaison vergeht, in der mir nicht ein Korb voll wunderschöner Gallenröhrlinge in die Pilzberatung gebracht wird. Kein Wunder, gerade die jungen Pilze sehen Steinpilzen täuschend ähnlich und besonders Anfänger unter den Pilzsammlern fallen immer wieder auf diesen bitteren Doppelgänger herein.

Der **Gallenröhrling** sieht vor allem in jungem Stadium sehr appetitlich aus. Sein weißes Fleisch verfärbt im Schnitt kaum, hat einen angenehmen Geruch und ist selten von Maden befallen. Zudem wachsen diese Pilze oft an Plätzen, an denen auch Steinpilze vorkommen können. Eine Geschmacksprobe verschafft jedoch schnell Klarheit und nachhaltige Erfahrung: die Kostprobe dieses gallebitteren Doppelgängers des Steinpilzes wird schnellstens wieder ausgespuckt. Schon sein Volksname ist treffend und auch die wissenschaftliche Bezeichnung (lateinisch fel = Galle) weist auf die Bitterkeit des Pilzes hin. Nun – giftig ist er nicht, Verwechslungen sind daher ungefährlich. Es wäre aber jammerschade, wenn wegen eines einzigen untermischten Gallenröhrlings das Pilzgericht im Abfalleimer landen müsste.

Waldsterben heißt auch Pilzsterben

Bei vielen Pilzarten – allen voran jedoch bei den Röhrlingen – ist ein erschreckender Rückgang zu verzeichnen. Pilze, die früher häufig zu finden waren, sind mancherorts selten geworden oder gar schon ganz verschwunden. Die Liste der Ursachen zur Verarmung unserer Pilzwelt ist groß.

Espen-Rotkappe
Leccinum aurantiacum

- Raufußröhrling
- Juli bis Oktober
- unter Zitterpappeln
- essbar

Merkmale
Hut 5–25 cm, orange- bis braunrot. Stiel bis 15 cm, weißlich, mit anfangs weißen, später bräunlichen Schüppchen bedeckt.

Bei der **Espen-Rotkappe** trägt das geringe wirtschaftliche Interesse an deren Partnerbaum, der Zitterpappel, und deren Entfernung aus forstlichen Kulturen mit bei. Forstwirtschaftlich ist das Holz der Zitterpappel oder Espe kaum interessant und nur als Brennholz zu verkaufen. Zum Verlust der Wirtsbäume kommen andere widrige Einflüsse, unter denen viele Pilzarten leiden. Mit Sicherheit gehören dazu Maßnahmen zur rationellen Nutzung und Verbesserung der Ertragskraft der Wälder wie Monokulturen, Kahlhiebe und Umforstungen sowie der Einsatz von Düngern. Auch die Trockenlegung von Feuchtgebieten trägt erheblich zum Artenrückgang der Pilze bei.
Und wie wir alle wissen, führen Schadstoffeinbringungen aus der Luft wie Schwefeldioxid und Stickoxide bekanntlich zum Waldsterben (kleines Bild) – und das wiederum zum Pilzsterben!

Birkenpilz
Leccinum scabrum

- **Raufußröhrling**
- **Juni bis Oktober**
- **unter Birken**
- **essbar**

Merkmale

Hut 5–15 cm, gelb- bis graubraun. Poren weißlich, später graulich. Stiel 5–20 cm, mit graubräunlichen Schüppchen.

Aus Weiß mach Schwarz

Mancher in puncto Pilzzubereitung wenig erfahrenen Hausfrau oder manchem Hobbykoch mag schon die Angst beim Anblick eines Gerichts mit Birkenpilzen auf den Magen geschlagen haben. Erschrecken Sie aber nicht, wenn sich das Fleisch des Birkenpilzes bei der Zubereitung schwarz färbt.

Der weit verbreitete und stets unter Birken vorkommende **Birkenpilz** gehört zu den Raufußröhrlingen. Typisch für diese Pilzgruppe ist der rauflockige oder schuppige Stiel – was dieser Gruppe auch ihren Namen gab.
Dass sich beim Birkenpilz das normalerweise helle Pilzfleisch beim Kochen schwarz verfärbt, ist ein ganz normaler Oxidationsprozess, den man bei vielen Raufußröhrlingen, aber auch dem Kuhmaul beobachten kann. Die Verfärbung bedeutet keinesfalls, dass die Pilze giftig oder verdorben sind. Auch der Geschmack der Mahlzeit wird durch die – zugegebenermaßen nicht gerade ansprechende – Schwarzfärbung keinesfalls beeinträchtigt. Alle Raufußröhrlinge sind essbar, sollten aber möglichst bald nach dem Sammeln verwertet werden, da das Fleisch schnell weich wird.

Millionen von Sporen ergeben ein Bild

Der Strubbelkopfröhrling ist ein düsterer Geselle. Seine grau- bis schwarzbräunlichen Farben und der grobschuppige Hut (Name!) machen ihn leicht kenntlich und unverwechselbar. Auch sein Sporenpulver ist schwarzbraun und eignet sich hervorragend zum Herstellen kleiner Kunstwerke.

Der **Strubbelkopfröhrling** eignet sich mit seinem schwarzbraunen Sporenpulver bestens zum Herstellen so genannter Sporenabwurfbilder (kleines Bild). Legen Sie einen ausgewachsenen Hut mit der Röhrenschicht nach unten auf ein weißes Papier und decken Sie das Ganze mit einer Schüssel oder einem anderen Gefäß ab. Warten Sie nun ein paar Stunden, entfernen Sie dann das abdeckende Gefäß und heben Sie den Pilzhut vorsichtig vom Papier ab. Auf dem Papier zeigt sich nun ein feines Abwurfsbild, das aus unzähligen winzigen Sporen besteht und die Form der Poren spiegelt. Solch ein Sporenbild ist nicht nur hübsch anzusehen – oft ist die Sporenfarbe auch für die Artbestimmung sehr wichtig.

Die Anzahl der von dem Pilzkörper erzeugten Sporen ist riesig und wird bei manchen Pilzen auf eine Milliarde geschätzt. Der Fruchtkörper eines mittelgroßen Riesenbovistes soll sogar etwa 5 Billionen Sporen entwickeln.

Strubbelkopfröhrling
Srobilomyces strobilaceus

- Strubbelkopf
- Juli bis Oktober
- Laub- und Nadelwald
- kein Speisepilz

Merkmale

Hut 5–15 cm, grau mit abstehenden, schwarzbraunen Schuppen. Stiel bis 15 cm, schwarzbräunlich, flockig-fransig. Fleisch rötend, dann schwärzend.

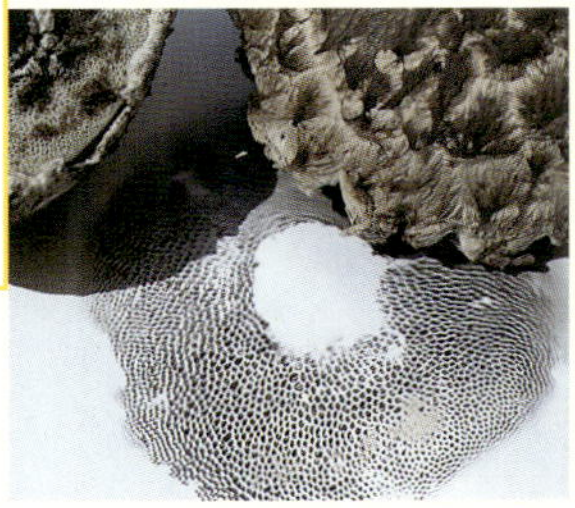

Nadelholz-Röhrling
Pulveroboletus lignicola

- **Nadelholzröhrling**
- **Sommer bis Herbst**
- **auf Nadelholz**
- **essbar**

Merkmale
Hut bis 10 cm, orangegelb bis goldbraun. Poren rostgelb, auf Druck blauend. Stiel bis 10 cm, rostbräunlich. Fleisch weich, gelb.

Ein Röhrling mit Starallüren

Der Nadelholz-Röhrling ist einer der wenigen Röhrlinge, der bezüglich seiner Lebensgewohnheiten aus der Reihe tanzt. Er wächst nämlich nicht auf der Erde, sondern auf Holz, und zwar – wie der Name schon sagt – auf Nadelholz. Und auch das nur, wenn er einen passenden Vormieter aus der Porlingsfamilie hatte.

Der recht seltene **Nadelholz-Röhrling** wächst meist etwas vom Stamm oder Stumpf entfernt auf den Wurzeln von Nadelbäumen.
Eine besondere Eigenheit dieses Pilzes ist die seltsame Beziehung zum Kiefern-Braunporling, einem jung schwefel- bis orangegelben, später rot- bis schwarzbraunen, unregelmäßig tellerförmig wachsenden Porling. Es scheint nämlich so zu sein, dass der Nadelholz-Röhrling nur auf Holz wächst, das zuvor vom Kiefern-Braunporling besiedelt war.
Selbstverständlich wird jeder Pilzfreund eine solche Seltenheit schonen und stehen lassen und nicht in den Kochtopf stecken! Der schwach säuerliche Geschmack des gelben Fleisches, das im Schnitt über den Röhren grünblau färbt, verspricht ohnehin kein Festmenu.

Weder Fisch noch Fleisch ...

so werden gemeinhin Dinge bezeichnet, die sich einer klaren Zuordnung entziehen. Und das gibt es auch bei den Pilzen. Das Goldblatt, auch Blätter-Röhrling genannt, bildet den Übergang von den Röhrenpilzen zu den Blätterpilzen – ist also kein echter Röhren-, aber auch kein echter Blätterpilz.

Goldblatt
Phylloporus pelletieri

- Goldblatt
- Juli bis Oktober
- Laub- und Nadelwald
- essbar

Merkmale
Hut 3–8 cm, rotbräunlich, samtig-filzig. Lamellen mit auffallenden queradrigen Verbindungen. Stiel gelbbräunlich, alt braunrot.

Dreht man das **Goldblatt** um, dann sieht man auf den ersten Blick goldgelbe Lamellen und möchte den Pilz spontan als Blätter- oder Lamellenpilz einstufen. Bei genauerem Hinsehen erkennt man aber auch queradrige Verbindungen zwischen den Lamellen (Bild oben), die ihm ein eher blättrig-röhriges Aussehen verleihen und ihn schnell als Besonderheit ausweisen. Der Pilz gibt auch wegen seiner mikroskopischen Struktur den Fachleuten einige Rätsel auf. Kein Wunder, dass dieses Unikum in verschiedenen Pilzgruppen „herumgeschoben“ wurde. Schmierlingen, Kremplingen, Flämmlingen und selbst Trichterlingen hat man ihn schon zugeordnet. Schließlich brachte man ihn als Blattpore (griechisch = phylloporus) unter.

Interessant ist, dass es in ganz Europa nur einen einzigen Vertreter dieser Gruppe gibt. Will man Verwandte von ihm finden, muss man schon in überseeische Regionen reisen.

Blätterpilze

Die Blätterpilze bilden die größte Gruppe im Pilzreich. Auch sie sind deutlich in Hut und Stiel gegliedert. An der Hutunterseite tragen sie radiär verlaufende blattartige Lamellen, auf Grund derer sie auch den Namen Lamellenpilze bekommen haben. Zu ihnen gehören Schnecklinge, Ritterlinge, Helmlinge, Wulstlingsverwandte, Egerlinge, Tintlinge und Schleierlingsverwandte.

Blätterpilze sind nicht immer einfach zu bestimmen. Ein wichtiges Merkmal ist die Farbe ihres Sporenpulvers, das beim reifen Pilz den Lamellen eine typische Farbe verleiht. So sind bei den Egerlingen die Lamellen dunkel- bis schwarzbraun gefärbt, bei den Rötlingen rosafarben, bei den Schnecklingen, Ritterlingen, Schirmlingen und Wulstlingen bleibt es weiß und bei den Tintlingsverwandten zerfließen die Lamellen oft zu einer schwarzen Masse.

Da sich unter den Blätterpilzen eine Reihe tödlich giftige Vertreter, wie die Knollenblätterpilze, befinden, sollten unerfahrene Pilzsammler ihre „Beute“ auf jeden Fall vom Fachmann in einer Pilzberatungsstelle begutachten und am besten die Finger von weißhütigen Blätterpilzen lassen.

Austern-Seitling
Pleurotus ostreatus

- **Seitling**
- **Oktober bis März**
- **an Laubholz**
- **essbar**

Merkmale

Hut 5–30 cm, spatel- bis muschelförmig, graulila bis -bräunlich. Stiel fehlend oder kurz, exzentrisch. Lamellen weiß.

Mit der Leiter zum Pilze sammeln

Austernpilze wachsen oft mehrere Meter hoch an geschädigten Bäumen. Wer sie ernten will, braucht eine Leiter! Bei Spaziergängern erntet der so ausgerüstete Pilzsammler mit Sicherheit ungläubiges Kopfschütteln. Wenn er allerdings auf einen Förster trifft, wird wohl tiefer Argwohn aufkommen.

Wer den **Austern-Seitling** schätzt, scheut keine Mühe. Er weiß, dass die schönsten Gruppen bis zu mehreren Metern hoch an den Bäumen wachsen und das über viele Jahre hinweg. Der Austernseitling kommt erst im Spätherbst nach den ersten Frösten so recht in Fahrt, und es lohnt sich, alljährlich nach den delikaten Fruchtkörpern Ausschau zu halten. Ein Baum liefert eine Mahlzeit für die ganze Familie und reichlich Vorrat für die Tiefkühltruhe. Seinen Namen bekam der Pilz aufgrund seiner muschelförmigen graulila Hüte, die in treppenförmigen Büscheln am Baumstamm sitzen und von oben wie riesige Austern aussehen. Der wohlschmeckende Speisepilz kann auch leicht auf Laubhölzern an einem Schattenplatz im Garten gezüchtet werden (kleines Bild). Pilzbruten samt Kulturanleitung gibt es in großen Gartencentern oder per Versand im Fachhandel.

Der Heilpilz aus dem Fernen Osten

Der Shiitakepilz ist in China und Japan beheimatet und wird dort wegen seiner Heilwirkung angeblich schon seit 2000 Jahren kultiviert. Vor etwa 60 Jahren wurden bei uns erste Kulturversuche auf Laubhölzern unternommen. Inzwischen wird dieser Pilz zahlreich auch bei uns im Garten kultiviert.

Shiitakepilz
Lentinula edodes

- Shiitake
- ganzjährig
- auf Spezialsubstrat
- essbar

Merkmale

Hut 5–15 cm, rötlich- bis dunkelbraun mit hellen Schüppchen, Rand lange eingerollt. Stiel weißlich, wollig bis schuppig.

Der **Shiitakepilz** enthält Mineralstoffe, die Vitamine B 12 und D 2 sowie Geruchs- und Aromastoffe. In der asiatischen Volksheilkunde mit ihrem für uns unvorstellbaren Reichtum an Naturheilmitteln war seine Heilwirkung schon zur Zeit der Ming-Dynastie bekannt. Dem Pilz werden oft eine allgemeine Stärkung des Immunsystems, eine Antitumor- und antivirale Wirkungen zugeschrieben. Bekannt ist jedenfalls seine Cholesterin senkende Wirkung.

Der Shiitake ist bei den genannten schweren Erkrankungen allerdings mit Vorbehalt zu genießen und eine „Behandlung“ muss unbedingt mit dem Arzt abgesprochen werden. Medizinische Wirksamkeit hin oder her, auf jeden Fall ist der Shiitakepilz eine wertvolle Bereicherung unseres Speisezettels, der auch leicht im Garten selbst kultiviert werden kann (Bild rechts).

Kahler Krempling
Paxillus involutus

- Krempling
- Juni bis November
- Laub- und Nadelwald
- giftig

Merkmale

Hut 5–20 cm, niedergedrückt, gelb- bis rostbraun. Stiel blassgelb bis gelbbräunlich. Lamellen gelbbräunlich, auf Druck dunkelbraun.

Rätselhafte Todesfälle

Der Kahle Krempling war früher als Speisepilz sehr beliebt. Voraussetzung für seine Verwertbarkeit als Speisepilz war ein sehr gründliches Kochen. Bis auf einmal rätselhafte Todesfälle bekannt wurden, die sich im Laufe der Untersuchung als Auswirkungen dieses Pilzes herausstellten.

Selbst nach jahrelangem, beschwerdefreiem Genuss kann der **Kahle Krempling** urplötzlich bei ganz bestimmten Menschen eine Antigen-Antikörper-Reaktion auslösen, d.h. sie reagieren nach häufigem Verzehr dieses Pilzes mit einer Antikörperbildung auf das Pilzeiweiß. Und das kann zu Nierenversagen und zum Tod führen. Ursache für die bis dahin unbekannten, auch nach gründlichem Kochen auftretenden Erkrankungen sind unbekannte Bestandteile des Pilzes, die diese Nahrungsmittelallergie auslösen. Der Kahle Krempling wurde nach Bekanntwerden der individuellen Todesfälle bei uns zum Giftpilz erklärt. In Osteuropa dagegen gilt er nach wie vor als guter Speisepilz und wird sogar auf dem Markt angeboten. Der nah verwandte und ihm sehr ähnlich sehende Erlen-Krempling wird bei uns ebenfalls als giftig eingestuft.

Färben mit Pilzfarbstoffen

Zahlreiche Pilze enthalten Farbstoffe, die man zum Färben von Wolle oder Naturfaserstoffen wie Leinen, Seide oder Baumwolle nutzen kann. Wer seinen Wollsachen eine ganz besondere Farbnote geben möchte, kann es einmal mit den Farbstoffen des Samtfuß-Kremplings probieren.

So können Sie mit dem **Samtfuß-Krempling** färben: Die naturfarbene Wolle waschen, damit das Wollfett herausgespült wird, gut spülen, trocknen. Danach zur besseren Aufnahme der Pilzfarbstoffe 100 g Wolle in 3 Liter Wasser, in dem 10 g Weinstein und 25 g Alaun gelöst sind, langsam erwärmen, eine Stunde lang bei 90 °C beizen, abkühlen lassen, Wolle auspressen und zum Trocknen aufhängen. 150 g getrocknete und zerkleinerte Samtfuß-Kremplinge etwa 1 Stunde in 5 Liter Wasser kochen. Den Sud wieder auf 5 Liter auffüllen und auf 40 °C abkühlen lassen. Jetzt das vorbehandelte Wollgarn hineinlegen, auf 90 °C erhitzen (nicht höher) und etwa 1 Stunde lang bei 90° C färben. Danach abkühlen lassen, Pilzreste entfernen, die jetzt anthrazitfarbene Wolle spülen und trocknen. Das Ergebnis kann sich sehen lassen!

Samtfuß-Krempling
Paxillus atrotomentosus

- Krempling
- Juli bis November
- Nadelwald
- kein Speisepilz

Merkmale

Hut 7–30 cm, muschelförmig, dunkelbraun, feinfilzig. Stiel dunkelbraun, feinfilzig, bauchig. Lamellen ockergelb.

Falscher Pfifferling
Hygrophoropsis aurantiaca

- Afterleistling
- August bis November
- Laub- und Nadelwald
- kein Speisepilz

Merkmale

Hut 3–10 cm, trichterförmig, samtig-filzig, orangegelb. Stiel 2–6 cm. Lamellen orangegelb, gedrängt und gegabelt.

Ein trügerischer Geselle

Pilze können den Sammler oft ganz schön narren. Ein solch trügerischer Geselle ist der Falsche Pfifferling, der deshalb auch einen sehr treffenden Namen bekommen hat. Oft schon haben sich selbst erfahrene Pilzsammler in der Freude auf einen Echten Pfifferling nach ihm gebückt.

Das sicherste Erkennungsmerkmal vom **Falschen Pfifferling** ist seine Hutunterseite. Er trägt nämlich unter dem Hut leuchtend orange gefärbte Lamellen, während der Echte Pfifferling blassgelbe am Stiel herablaufende, deutlich stumpfrandige Erhebungen, in der Fachsprache „Leisten" genannt, besitzt. Spätestens wenn man den dünnen, ledrigen Falschen Pfifferling anfasst und seine gedrängt stehenden Lamellen sieht, weiß man also, dass man es hier mit dem Doppelgänger vom Echten Pfifferling zu tun hat. Tragisch wäre eine Verwechslung jedoch nicht. Der Falsche Pfifferling wird bisweilen sogar als essbar bezeichnet. Menschen mit empfindlichem Magen sollten ihn jedoch meiden.

Der Falsche Pfifferling wächst in der Regel auf dem Waldboden. Er kann aber auch auf morschen Baumstümpfen vorkommen – dann ist er keinesfalls mit dem Echten Pfifferling zu verwechseln.

Glitschig wie ein Kuhmaul

Der Große Gelbfuß oder Große Schmierling wird im Volksmund äußerst passend auch als Kuhmaul bezeichnet. Diesen Namen bekam er wegen seiner rundum schleimigen Beschaffenheit. Besonders bei feuchter Witterung fühlt er sich glitschig und feucht an – eben wie ein Kuhmaul.

Großer Gelbfuß
Gomphidius glutinosus

- Schmierling
- Juli bis November
- Laub- und Nadelwald
- essbar

Merkmale

Hut 3–8 cm, schwach gewölbt, mit Schleimschicht, violettgrau. Stiel 4–8 cm, mit Schleimwulst, unten gelb.

Auch die wissenschaftliche Bezeichnung des **Großen Gelbfuß** (lateinisch glutinosus = klebrig) bezieht sich auf die für den Pilz typische Schleimhaut. Sie ist transparent und bedeckt anfangs die Lamellen wie ein trübes Fenster. Beim Aufschirmen der Hüte reißt die schleimige Haut auf (Bild oben). Auf dem Hut bleibt eine Schleimschicht zurück und am Stiel ein schleimiger Wulst. Wer Pilze mit schleimiger Huthaut wie den Großen Gelbfuß oder den Gold-Röhrling sammelt, sollte auf jeden Fall die schleimige Haut schon beim Sammeln im Wald abziehen. Sonst klebt nämlich das ganze Sammelgut im Korb mit eingebrachten Nadeln und Humusresten zusammen und kann dann kaum mehr sauber weiterverarbeitet werden.

Der schleimige Schleier und ein gelber Stielgrund machen den Großen Gelbfuß unverwechselbar.

Frost-Schneckling
Hygrophorus hypothejus

- Schneckling
- Spätherbst
- unter Kiefern
- essbar

Merkmale

Hut 2–7 cm, mit Buckel, schleimig, braunoliv. Stiel 4–7 cm lang, schleimig. Lamellen weißlich bis hellocker, etwas herablaufend.

Der Pilz, der einen Kälteschock benötigt

Wenn das Pilzwachstum nach den ersten Herbstfrösten deutlich zurückgeht, ist es an der Zeit, nach dem Frost-Schneckling Ausschau zu halten. Er gehört nämlich zu den wenigen, spät im Jahr auftretenden Pilzen, die zur Ausbildung ihrer Fruchtkörper einen Kälteschock benötigen.

Auch wenn der Geschmack des **Frost-Schnecklings** eher als durchschnittlich bezeichnet werden kann, ist der Pilz um die späte Jahreszeit, wenn das Pilzwachstum zurückgeht, bei Pilzsammlern recht beliebt. Bis zum Dezember können bei nochmals eintretender milder Witterung immer wieder junge Exemplare nachwachsen. Winterpilze, die nach Frostperioden auftauen und weich und schlapp sind, taugen nicht mehr für die Küche!
Wegen seiner typischen Form und ausgeprägten Färbung sowie der späten Erscheinungszeit und seiner Verbundenheit mit Kiefern ist der Pilz unverwechselbar. Wenn die Hüte des Frost-Schnecklings im Alter allerdings gelblich ausblassen, könnte man ihn mit dem Lärchen-Schneckling verwechseln. Der ist jedoch – wie schon sein Name sagt – streng an Lärchen gebunden.

Was riecht denn da nach Marzipan?

Die Geruchspalette im Pilzreich ist riesig und es ist nicht immer einfach, Pilzgerüche zu identifizieren. Keine Probleme bereitet da der Wohlriechende Schneckling: Er strömt einen deutlich wahrnehmbaren, feinen Geruch nach Marzipan oder Bittermandel aus, der sofort an die Weihnachtsbäckerei erinnert.

Der **Wohlriechende Schneckling**, bei Feuchtigkeit frisch aus moosigem Fichtenwaldboden entnommen, verbreitet einen angenehmen Duft nach Marzipan oder Bittermandel. Der Geruch kann durch Zerreiben der Lamellen zwischen den Fingern noch verstärkt werden. Es gibt noch eine ganze Reihe von Pilzen, die einen unverkennbaren Geruch verströmen. Wohlriechend sind zum Beispiel Marzipan-Fälbling und Mandel-Täubling, Anis-Egerlinge und Grüner Anistrichterling. Unangenehm „riechen" Gemeiner Stink-Schwindling, Karbol-Egerling oder Langstieliger Knoblauchschwindling. Wonach diese Pilze riechen, lässt sich unschwer aus ihrem Namen erkennen.

Die Gerüche sagen nichts über die Essbarkeit der Pilze aus! Der tödlich giftige Grüne Knollenblätterpilz zum Beispiel duftet in jungem Stadium angenehm süßlich.

Wohlriechender Schneckling
Hygrophorus agathosmus

- Schneckling
- August bis November
- Nadelwald
- essbar

Merkmale

Hut 2–8 cm, gewölbt, mit flachem Buckel, hell- bis dunkelgrau. Stiel 5–8 cm. Lamellen weißlich, später blassgrau.

Schwarzpunktierter Schneckling
Hygrophorus pustulatus

- Schneckling
- September bis Dezember
- Fichtenwald
- essbar

Merkmale

Hut 1,5–4 cm, jung halbkugelig, dann gewölbt, gebuckelt, graubraun, Mitte dunkler, zum Rand mit feinen Schüppchen; Stiel 4–8 cm. Lamellen weiß.

An seinen Pusteln sollt ihr ihn erkennen

Unsere französischen Nachbarn nennen den Schwarzpunktierten Schneckling „Hygrophore pustuleux“; in Italien wird er „Igroforo a punti neri“ genannt. Auch der wissenschaftliche Name weist auf sein typisches Merkmal hin: den mit schwarzbraunen Pusteln bedeckten Stiel (lateinisch pustulatus = mit Pusteln versehen).

Der **Schwarzpunktierte Schneckling** ist in den Fichtenwäldern Europas weit verbreitet. Er wächst bevorzugt in Bergwäldern und kann oft scharenweise sogar noch bis Dezember gefunden werden. Mit etwas Ausdauer können Sie in einer Zeit, in der andere Speisepilze schon längst vergangen sind, noch schöne Ernten mit nach Hause bringen!

Sein unverkennbares Merkmal, der mit schwarzbraunen Pusteln bedeckte Stiel, kann allerdings gelegentlich nur sehr schwach ausgebildet sein. Man könnte ihn dann dem Aussehen nach vielleicht mit dem Wohlriechenden Schneckling verwechseln. Dieser hat jedoch einen ganz typischen Geruch nach Marzipan.

Vorfrühlingsfreuden für den Pilzfreund

Nach der Schneeschmelze Pilze sammeln, hört sich das nicht nach einer Lügengeschichte von Münchhausen an? Mitnichten, der vorzüglich schmeckende März-Schneckling gehört zu den seltenen Speisepilzen, die schon im frühen Frühjahr Fruchtkörper bilden und damit ganz aus der Reihe tanzen.

März-Schneckling
Hygrophorus marzuolus

- Schneckling
- Februar bis Mai
- Laub- und Nadelwald
- essbar

Merkmale

Hut 3–20 cm, jung weißlich, alt schieferfarben bis grauschwarz. Stiel 2–8 cm. Lamellen weißlich, wachsartig, dick.

Der **März-Schneckling** ist ein Pilz der Bergregionen Süddeutschlands und der Alpenländer. Schon mit der Schneeschmelze gehen Kenner auf die Suche nach diesem guten Speisepilz. Meist wächst der Pilz unter der schützenden Decke von Laub, Nadeln und Moosen und ist gar nicht leicht zu finden. Manchmal sind die Fruchtkörper sogar ganz unter der Oberfläche im Waldhumus versteckt. Der März-Schneckling ist jedoch standorttreu. Man sollte sich deshalb seine Plätze gut merken, weil sie jedes Jahr eine Ernte versprechen. In der frühen Jahreszeit findet der köstliche Pilz allerdings auch viele Liebhaber aus dem Tierreich. Oft ist er von Schnecken, Mäusen oder größeren Tieren an- oder gänzlich aufgefressen. Da stellt sich dem Naturfreund natürlich die Frage, ob er nicht ganz auf das Sammeln dieses Pilzes zugunsten der Tierwelt verzichten sollte?

Papageigrüner Saftling
Hygrocybe psittacina

- Saftling
- August bis November
- grasige Plätze
- schwach giftig

Merkmale

Hut 1–3 cm, stumpf gebuckelt, grün, gelbgrün, grünorange bis orange. Stiel zerbrechlich. Lamellen grünlich.

Lebendige Edelsteine

Der Papageigrüne Saftling gehört zu einer Pilzgruppe, die sich durch glasige und bunt gefärbte Hüte, die wie Edelsteine im Sonnenlicht glitzern, auszeichnet. Mit seiner glänzend grünen Hutfarbe, die im Pilzreich eher selten vorkommt, ist er einer der farbenprächtigsten von ihnen.

Der **Papageigrüne Saftling** wächst anspruchslos auf ungedüngten Grasflächen, Wiesen, Magerrasen und auf naturbelassenen Weiden. Seine geringe Größe und die grüne Färbung machen ihn im Gras allerdings fast unsichtbar. Erst wenn ein Sonnenstrahl auf ihn fällt, ist der leuchtende Hut nicht zu übersehen. Der Papageigrüne Saftling kann noch relativ häufig gefunden werden, ist aber – wie alle anderen Saftlinge auch – überall rückläufig. Schade um diese bunten Edelsteine der Natur, die nun einmal alle auf naturbelassene Lebensräume angewiesen sind! Weil die Saftlinge aufgrund der Veränderung ihrer Lebensräume immer weniger werden, sind sie in Deutschland auch unter Schutz gestellt. Freuen Sie sich also über jeden dieser kleinen, glasig bunten Gesellen, den Sie noch finden!

Ein Pilz, der Farbe auf den Tisch bringt

Seine leuchtende Farbe hat dem Violetten Lacktrichterling auch Volksnamen wie Amethystblauer Lacktrichterling, Blauer Lackpilz, Lackbläuling oder Violetter Bläuling eingebracht. Der essbare Pilz eignet sich hervorragend als Farbtupfer in Salaten und Sülzen oder zum Garnieren von Speisen.

Violetter Lacktrichterling
Laccaria amethystina

- Lacktrichterling
- Juni bis November
- Laub- und Nadelwald
- essbar

Merkmale

Hut 2–5 cm, glatt bis feinschuppig, violett, trocken ausblassend. Stiel 4–10 cm, schlank, violett. Lamellen breit.

Es ist schon eine Schau, wenn der **Violette Lacktrichterling** in großer Zahl den Waldboden besiedelt und dabei zart violette bis lila Farbkleckse bildet. Da der Pilz nur einen unbedeutenden Geschmack und sehr zähe Stiele hat, bleiben für ein Pilzgericht nur die kleinen Hüte übrig – und die lohnen das Sammeln kaum. Wegen seiner leuchtenden Färbung kann der Pilz allerdings sehr gut zum Verschönern verschiedener Speisen eingesetzt werden. Sie können dazu den Pilz entweder zusammen mit anderen essbaren bunten Pilzen in Essig konservieren und dann je nach Bedarf verwenden oder aber nach dem Sammeln kurz blanchieren, abtropfen lassen und gleich zur Dekoration verwenden.
All dies gilt auch für den Rötlichen Lacktrichterling, der sich lediglich durch seine rotbraune Hutfarbe unterscheidet.

Nebelkappe
Clitocybe nebularis

- Trichterling
- September bis November
- Laub- und Nadelwald
- essbar

Merkmale

Hut 5–25 cm, aschgrau bis graubraun, mit abwischbarem Reif. Stiel 5–10 cm. Lamellen dicht, blassgelb.

Gasthaus „Zur Nebelkappe“

Wenn die großen Hüte der Nebelkappen langsam ins Endstadium übergehen und zusammenbrechen, kann man mit viel Glück etwas nicht Alltägliches und Faszinierendes beobachten: Auf den faulenden Hüten findet sich ein außergewöhnlicher Gast ein, der zauberhafte Parasitische Scheidling.

Der Name **Nebelkappe** passt ebenso gut zu diesem Pilz wie Nebelgrauer Trichterling oder Graukappe. Zum einen erinnert das zarte Grau der großen Hüte mit dem abwischbaren Reif tatsächlich an Nebelschleier. Zum andern findet man oft noch riesige Exemplare im herbstlichen Wald, wenn schon kühle, düstere Nebeltage das Ende der Pilzsaison anzeigen.

Ein besonderes Schauspiel bietet dieser Pilz, wenn seine alternden Hüte meist zu mehreren vom Parasitischen Scheidling besiedelt werden (kleines Bild). Der relativ große, weiße bis grauweiße Pilz wächst aus einer zwei- bis vierlappigen Scheide hervor und sieht aus, wie wenn ihn einer auf dem Hut der Nebelkappe „angeklebt“ hätte.

Vor allem junge Fruchtkörper können leicht mit dem sehr giftigen Riesen-Rötling verwechselt werden.

Vermeiden Sie üppige Pilzmahlzeiten!

Wenn man mit einer reichen Ausbeute, wie dies bei Violetten Ritterlingen leicht möglich sein kann, nach Hause kommt, verleitet dies natürlich auch zu einer üppigen Mahlzeit. Wie alle Pilze enthält auch der Violette Rötelritterling schwer verdauliche Bestandteile, die den Magen stark belasten können.

Violetter Rötelritterling
Lepista nuda

- **Rötelritterling**
- **April bis November**
- **Laub- und Nadelwald**
- **essbar**

Merkmale

Hut 5–20 cm, violett bis bräunlich-violett. Stiel 4–12 cm. Lamellen fast gedrängt, violett bis graulila.

Der **Violette Rötelritterling** ist in Laub- und Nadelwäldern weit verbreitet. Er wächst oft in großen Ringen auf Laub- und Nadelstreu. Vereinzelt findet man ihn schon ab April, im Herbst aber kann der Violette Rötelritterling im wahrsten Sinne des Wortes richtig „abgeerntet“ werden. Ein solcher Erntesegen verführt allerdings oftmals zu übermäßigem Genuss! Die schwer verdaulichen Stoffe im Pilz werden beim Verdauungsprozess jedoch nicht vollständig aufgearbeitet und können in größeren Mengen den Magen empfindlich belasten. Am besten teilt man bei üppigen Ernten die Pilze auf und friert sie in kleineren Portionen ein. Dann kann man den ganzen Winter über auf den Vorrat zurückgreifen und hat immer wieder einmal ein delikates Gericht.

Tiger-Ritterling
Tricholoma pardalotum

- Ritterling
- August bis Oktober
- Laub- und Nadelwald
- giftig

Merkmale

Hut 5–20 cm, weiß mit silbergrauen bis graubräunlichen Schuppen. Lamellen weißlich, später gelblich. Stiel zylindrisch mit keuliger Basis, weiß bis schwach bräunlich.

Der „Burggraben" der Ritterlinge

Viele werden sich fragen, woher der Name Ritterling kommt. Mit etwas Fantasie kann man sich den Volksnamen erklären, wenn man den Pilzhut umdreht und sich die Lamellen einmal genau anschaut. Sie sind nämlich am Stiel deutlich ausgebuchtet und bilden eine Art „Burggraben".

Der stämmige **Tiger-Ritterling** besitzt natürlich auch das typische Merkmal der Ritterlinge, den „Burggraben" (kleines Bild). Er gehört zur großen Gruppe der grauschuppigen Erdritterlinge. Kennzeichnend für ihn – und wohl auch namengebend – sind die silbergrauen bis graubräunlichen groben und konzentrisch angeordneten Schuppen, die den weißen Hut bedecken und an ein Tigerfell erinnern. Früher hieß der Pilz mit wissenschaftlichem Namen auch „tigrinum".

Der Tiger-Ritterling ist zwar giftig, sollte aber einen näheren Blick wert sein und – das gilt für alle Pilze – nicht mutwillig zerstört werden.

Der Tiger-Ritterling gehört zur großen Gruppe der Giftpilze, deren Magen-Darm-Gifte meist eine halbe bis vier Stunden nach der Mahlzeit heftige Bauchschmerzen und schwere Brechdurchfälle verursachen.

Speisepilz adieu!

Der Grünling wurde lange Zeit in allen Pilzbüchern als essbar und schmackhafter Speisepilz bezeichnet und war als Marktpilz zugelassen. Wie eine Bombe schlug im September 2001 bei Pilzsammlern und Pilzsachverständigen die Nachricht von durch den Grünling verursachten Todesfällen ein.

Grünling
Tricholoma equestre

- **Ritterling**
- **September bis Dezember**
- **Laub- und Nadelwald**
- **giftig**

Merkmale

Hut 5–12 cm, gelbgrün bis braungelb mit bräunlichgelben Schüppchen. Stiel zylindrisch bis keulig, gelblich. Lamellen gelb.

Der **Grünling** hatte bislang den guten Ruf eines ausgezeichneten Speisepilzes und wurde besonders in den sandigen Wäldern Norddeutschlands viel gesammelt. Bis die völlig unerwartete Nachricht von Vergiftungen eintraf. In einer Studie haben Wissenschaftler festgestellt, dass mehrere Personen nach dem Verzehr von Grünlingen an Schädigungen und Zerstörung der Herz- und Skelettmuskulatur (Rhabdomyolyse) litten. Damit einhergehende Komplikationen haben zum Tod von mehreren Menschen geführt. Der verursachende Giftstoff ist bisher noch nicht bekannt. Vom weiteren Verzehr des beliebten Pilzes wird deshalb dringend abgeraten! Nach dem Kahlen Krempling und dem Weißen Rasling gehört nun auch der Grünling nicht mehr zu den Speise- sondern zu den Giftpilzen. Seien wir gespannt, was uns die Forschung weiter aufdeckt!

Schwefel-Ritterling
Tricholoma sulphureum

- **Ritterling**
- **Juli – Oktober**
- **Laub- und Nadelwald**
- **giftig**

Merkmale

Hut 3 – 7 cm, unregelmäßig verbogen, schwefelgelblich, Mitte oft mit bräunlichgelben Schüppchen. Stiel und Lamellen schwefelgelb.

Erkennbar mit verbundenen Augen

Die Palette der Pilzgerüche ist riesig. Ganz feine Gerüche, die unserer Nase schmeicheln und unser Wohlbefinden fördern, sind aber eher selten. Ein untrügliches Merkmal vom Schwefel-Ritterling ist der widerliche, leuchtgasartige Geruch des ganzen Fruchtkörpers.

So eindeutig wie beim **Schwefel-Ritterling** ist das Bestimmen eines Pilzes selten: ihn und den nah verwandten braunrot bis purpurviolett gefärbten Violettbraunen Schwefel-Ritterling erkennt man mit verbundenen Augen! Viele Pilze muss man oftmals intensiv beschnuppern und dabei Riechnerven und Geruchsgedächtnis erheblich anstrengen.

Pilzgerüche sind ein interessantes Thema für Pilzausstellungen. Es gibt findige Veranstalter, die die Geruchswahrnehmung der Besucher testen, indem sie an Fenchel-Trameten, Marzipan-Fälblingen, Kokosflocken-Milchlingen, Stachelbeer-Täublingen, Birnen-Rißpilzen, Rettich-Helmlingen, Knoblauch-Schwindlingen oder anderen Arten mit gut wahrnehmbarem Geruch riechen lassen. Ein eindrucksvoller Test, der auch Kindern großen Spaß macht!

Ein Verwandlungskünstler großen Stils

Der Seifenritterling ist ein richtiger Verwandlungskünstler. Sein Farben- und Formenreichtum macht ein sicheres Bestimmen nicht gerade leicht – wenn er nicht einen ganz bestimmten Geruch verströmen und zum Röten neigen würde! Besonders gut ist diese Rötung an der Stielbasis zu erkennen.

Seifen-Ritterling
Tricholoma saponaceum

- Ritterling
- August bis November
- Laub- und Nadelwald
- giftig

Merkmale

Hut 4 –16 cm, glatt oder faserschuppig, Farbe veränderlich. Lamellen bei Verletzung langsam rötend. Stielbasis rötend.

Der **Seifen-Ritterling** ist wegen seiner sehr veränderlichen Farben und Formen oft schwer zu bestimmen. Die Hutfarbe schwankt von schwarzbraun, graubraun bis olivbraun, möglich sind auch grünliche und gelbliche Töne, und bisweilen gibt es auch Exemplare mit fast weißen Hüten. Typisch für den Seifen-Ritterling und alle seine Varietäten und Formen ist jedoch der Geruch des Fleisches nach Seifenlauge oder – falls Sie sich daran erinnern können – an Großmutters Waschküche am Waschtag. Ein weiteres wichtiges Merkmal ist die rötliche Verfärbung des Fleisches nach Verletzungen, die allerdings nicht immer sofort sichtbar ist und sehr langsam einsetzen kann. Besonders gut ist diese Rötung in der Stielbasis zu erkennen, vor allem dann, wenn man daran reibt (Bild oben).

Der Schrecken der Förster

Der Hallimasch ist ein gefürchteter Forstschädling. Er kommt in großer Zahl in Büscheln vor allem auf den Stümpfen gefällter oder toter Laub- und Nadelbäume vor. Das wäre ja nicht schlimm, würde der Pilz nicht von hier aus über die Wurzeln auch auf gesunde Bäume übergreifen und deren Holz zerstören.

Hallimasch
Armillaria sp.

- Hallimasch
- August bis November
- an Nadel- und Laubholz
- essbar

Merkmale

Hut 3–20 cm, gelb- bis rötlichbraun mit dunkleren Schüppchen. Lamellen weißlich bis hellbräunlich, alt rotbraun gefleckt. Stiel mit Ring.

Der **Hallimasch** ist ein sehr variabler Holzbewohner, der Laub- und Nadelbäume befallen kann. In dichten Büscheln zu 50 und mehr Stück bedecken die rötlichbraunen Fruchtkörper innerhalb weniger Tage die Baumstümpfe auf forstlichen Schlagflächen. Ihr massenhaft erzeugtes Sporenpulver überpudert oft den Waldboden. An den Stämmen infizierter, vorerst noch gesunder Bäume bildet das Pilzgeflecht unter der Rinde dunkelbraune bis schwarze, zähe, glänzende, wurzelähnliche Stränge, die der Fachmann „Rhizomorphen" nennt (Bild oben). Im befallenen Holz verursacht der Pilz eine Weißfäule. Die Pilzhüte sind essbar, solange sie noch halbkugelig und geschlossen sind (Bild unten). Sie müssen jedoch sehr gut abgekocht werden (Kochwasser wegschütten!), da sie sonst Magen-Darm-Störungen hervorrufen können.

Der Trick mit der Verfärbung

Weiße Blätterpilze gibt es sehr viele – essbare, ungenießbare und auch giftige. Manchmal muss man daher beim Bestimmen etwas in die Trickkiste greifen. Eine interessante Farbreaktion zeigt der Weiße Rasling, wenn man sein weißes Fleisch mit Eisensulfat in Verbindung bringt.

Weißer Rasling
Lyophyllum connatum

- Rasling
- August bis November
- Laub- und Nadelwald
- giftig

Merkmale

Hut 3–16 cm, weiß, alt wässrig-grauweiß, matt bis seidig glänzend. Stiel 5–15 cm, weiß, zylindrisch. Lamellen weißlich.

Es erinnert schon an Zauberei, wenn man etwas Eisensulfatlösung auf den **Weißen Rasling** tropft: Der reinweiße Pilz verfärbt sich innerhalb weniger Minuten ins Violette (Bild oben)!

Der Weiße Rasling wächst oftmals in großen Mengen in dicht an dicht zusammenstehenden Büscheln oder in Reihen an grasigen Waldfahrwegen und ist aufgrund seiner auffälligen weißen Hüte kaum zu übersehen. Früher galt der aromatisch riechende Pilz als essbar und wurde sicherlich gerne gesammelt, da man in kurzer Zeit große Mengen „einkorben" konnte. Nach neueren Forschungsergebnissen soll der Pilz jedoch erbgutschädigende Stoffe enthalten und gilt seither als giftig! Lassen wir also die Pilze stehen und freuen uns am hübschen Anblick, den uns die am Waldweg stehenden Pilzbüschel bieten.

Veronika, der Lenz ist da!

Unsere Großeltern nannten den Maipilz auch Georgs-Ritterling weil er schon zum Georgstag, also um den 23. April, erscheinen kann. Auch der Name Mai-Ritterling weist auf sein zeitiges Erscheinen hin. Und alles was so früh erscheint, war schon immer höchst willkommen in der Naturküche.

Maipilz
Calocybe gambosa

- **Schönkopf**
- **April bis Juni**
- **Laubwald, Parks**
- **essbar**

Merkmale
Hut 3 –12 cm, cremeweißlich. Stiel 5 – 8 cm, fest, hutfarben. Lamellen hutfarben; Fleisch mit Mehlgeruch und -geschmack.

Der früh im Jahr erscheinende **Maipilz** war und ist ein geschätzter Speisepilz. Er kommt gesellig und in Ringen an Waldrändern, in Parkanlagen und an grasigen Stellen im Wald vor. Der weißliche bis sahnegelbe Pilz strömt einen starken Mehlgeruch aus, an dem er relativ leicht von anderen weißlichen Blätterpilzen unterschieden werden kann. Anfänger unter den Pilzsammlern sollten allerdings von weißlichen Blätterpilzen am besten die Finger lassen!
Vorsicht ist vor allem geboten vor dem, vor allem in der Jugend ähnlichen, sehr giftigen Ziegelroten Risspilz. Dieser gefährliche Doppelgänger wächst leider an ähnlichen Plätzen wie der Maipilz. Er riecht in jungem Zustand fruchtartig süßlich, nimmt mit zunehmendem Alter jedoch einen unangenehmen Geruch an, und sein Fleisch läuft sehr langsam ziegelrot an.

Knopfstieliger Rübling
Gymnopus confluens

- Rübling
- Mai bis Oktober
- Laub- und Nadelwald
- kein Speisepilz

Merkmale

Hut 1,5–4 cm, mit Buckel, blassocker bis fleischbräunlich. Stiel 4–10 cm, mit lilagrauem Reif, Spitze am Lamellenansatz knopfförmig.

Pilze als Recyclingsspezialisten

Der Knopfstielige Rübling gehört zu einer speziellen Gruppe von Pilzen – „Saprophyten" nennen sie die Fachleute – die sich von totem organischem Material wie Laub- und Nadelstreu, Totholz oder anderem Pflanzenmaterial ernähren. Ohne den „Hunger" unzähliger solcher „Entsorger" würde uns das anfallende pflanzliche Material ganz schön über den Kopf wachsen.

Der **Knopfstielige Rübling** fällt durch sein büscheliges Wachstum in Reihen und Ringen auf. Zieht man solch einem Pilzchen den Hut zwischen zwei Fingern nach oben ab, bleibt ein namengebender knopfförmiger Rest vom Hutfleisch zurück (kleines Bild).
Wenn Sie einmal ganz vorsichtig einige Knopfstielige Rüblinge aus dem Waldboden heben, dann erkennen Sie an der Basis ein weißes watteartiges Pilzgeflecht, den eigentlichen „Pilz", samt eingeschlossenen Laub- und Humusresten (Bild oben). Dieses Pilzgeflecht entzieht toten Pflanzenresten die Nährstoffe, baut sie somit ab und führt sie mit der Hilfe von Bakterien in den Stoffkreislauf der Natur zurück. Die Natur hält unzählige solcher Pilzspezialisten als „Recycler" bereit, die alle die Fähigkeit besitzen organische Stoffe abzubauen.

Ziemlich aufgeblasen der Typ

Um das typische Merkmal des Butter-Rüblings zu erkennen, müssen Sie ihn dazu schon in die Hand nehmen. Wenn Sie nun den rübenförmigen Stiel zwischen den Fingern drücken oder durchschneiden, dann erkennen Sie deutlich, dass der Stiel hohl und an der Basis stark aufgeblasen ist.

Butter-Rübling
Rhodocollybia butyracea

- Rübling
- August bis Dezember
- Laub- und Nadelwald
- essbar

Merkmale

Hut 4–7 cm, rotbraun, feucht fettig glänzend. Stiel 3–8 cm, keulig, Basis weißfilzig. Lamellen gedrängt, weiß.

Der **Butter-Rübling**, wegen seiner rotbraunen Hutfärbung auch Kastanienroter Rübling genannt, ist an seinem hohlen, rotbräunlichen, vor allem aber an der Basis keulig aufgeblasenen Stiel zu erkennen. Den Namen „Butter"-Rübling hat der essbare Pilz aber keinesfalls aufgrund eines besonders guten Geschmacks bekommen, sondern wegen seines bei feuchter Witterung fettig glänzenden Hutes.

Neben dem typisch rotbraun gefärbten Pilz gibt es noch eine horn- bis graubraun gefärbte Variante, die als Horngrauer Rübling beschrieben ist, sich aber außer der Hutfarbe nicht vom Butter-Rübling unterscheidet. Auch bei diesem Pilz wird die Huthaut bei Feuchtigkeit fettig glänzend. Die Aufteilung in zwei Arten wird daher von manchen Fachleuten in Frage gestellt.

Waldfreund-Rübling
Collybia dryophila

- Rübling
- Mai bis November
- Laub- und Nadelwald
- essbar

Merkmale
Hut 2–6 cm, alt oft wellig, gelblich bis gelbbräunlich. Stiel zäh, hutfarben, Basis filzig. Lamellen sehr gedrängt.

Kein Wald ohne „Waldfreund“

Sein Volksname Waldfreund-Rübling passt sehr gut zu diesem Pilz. Er ist tatsächlich ein Freund im Wald, ein so genannter „Allerweltspilz“, der sich mit zuverlässiger Regelmäßigkeit oft schon nach dem ersten warmen Mairegen eng gedrängt in Reihen oder Ringen in Laub- und Nadelwäldern einstellt.

Der **Waldfreund-Rübling** fehlt fast in keinem Wald; man findet ihn aber auch in Parkanlagen und Gärten. Sein wissenschaftlicher Name (griechisch dryos = Eiche, filos = Freund) ist daher etwas verwirrend, denn der Pilz kommt vom Frühjahr bis zum Herbst nicht nur unter Eichen sondern unter vielen Laub- und Nadelbäumen vor.
Als Speisepilz ist der Waldfreund-Rübling fast wertlos, denn die dünnen Stiele sind hohl und knorpelig und Hutfleisch fällt nicht viel an. Wertvoll dagegen ist der Pilz für den Wald, denn er ernährt sich von totem organischem Material und spielt daher beim Erhalt des biologischen Gleichgewichts im Wald eine wichtige Rolle. Der Name „Waldfreund“ passt somit gut zu seiner Funktion als Recyclingspezialist.

Meterweit Kontakt zu Holz

Dieser Pilz kann zwar irgendwo aus dem Waldboden seine relativ graubraunen, oft strahlig eingerissenen Hüte herausschieben, hat aber immer durch ein ausgedehntes, oft meterweit reichendes Netz aus wurzelartigen Strängen unterirdischen Kontakt zu abgestorbenem Laub- oder Nadelholz!

Der **Breitblättrige Rübling**, auch Breitblättriger Holzrübling genannt, bildet zunächst in der Mulmschicht modernder Baumstümpfe oder in vergrabenem, abgestorbenem Holz ein dichtes Pilzgeflecht, das sich aber bald zu einem weitreichenden Netz aus bleichen, bis zu zwei Millimeter starken, würzelchenartigen Strängen (Rhizoide) entwickelt (Bild unten). An ihnen wachsen, oft meterweit vom Holz entfernt, unter günstigen Bedingungen innerhalb weniger Tage die Fruchtkörper heran. Im Alter und bei Trockenheit, wenn sein grauer Hut vom Rand her strahlenförmig einreißt und das weiße Hutfleisch freigibt, zeigt sich der Pilz in ganzer Schönheit (Bild oben). Der Pilz kommt häufig vor und erscheint schon früh im Jahr. Er wurde früher auch als Speisepilz für Mischgerichte gesammelt. Nachdem in jüngerer Zeit jedoch Vergiftungsfälle vorgekommen sind, sollte man ihn meiden.

Breitblättriger Rübling
Megacollybia platyphylla

- **Breitblatt**
- **Mai bis Oktober**
- **an Laub- und Nadelholz**
- **kein Speisepilz**

Merkmale

Hut 5–15 cm, radialfaserig, graubraun. Lamellen weiß, sehr breit. Stiel 5–15 cm, Basis mit langen wurzelartigen Gebilden.

Grubiger Wurzelrübling
Xerula radicata

- Wurzelrübling
- Juni bis Oktober
- Laubwald
- essbar

Merkmale

Hut 3–15 cm, flach mit Buckel, haselnussbraun, schleimig. Stiel 8–20 cm mit wurzelartiger Verlängerung.

Ein Pilz mit Wurzel?

Wir haben gelernt, dass Pilze zur Aufnahme von Wasser und Nährstoffen aus dem Boden keine Wurzeln ausbilden wie das bei unseren Blütenpflanzen der Fall ist. Einer scheint da aber eine Ausnahme zu bilden – oder was ist das lange, wurzelartige Gebilde an der Stielbasis des Grubigen Wurzelrüblings?

Der **Grubige Wurzelrübling**, auch Wurzel-Schleimrübling genannt, erscheint einzeln bis gesellig auf oder neben alten Baumstümpfen oder am Boden auf vergrabenem Laubholz, bevorzugt von Buchen. Sein wissenschaftlicher Name (lateinisch radicatus = mit Wurzel) und auch sein Volksname beziehen sich auf die wurzelartige, spindelige Verlängerung des Stiels im Boden (Bild unten). Mit dieser „Scheinwurzel“ entnimmt der Pilz den Wurzeln oder modernden Stümpfe von Rotbuchen Nährstoffe. Im Gegensatz zu vielen anderen Arten kann er so ausgerüstet auch Trockenzeiten gut überleben. Ein weiteres namengebendes Merkmal des leicht erkennbaren Pilzes ist seine grubig-runzelige, bei Feuchtigkeit schleimige, haselnussbraune bis milchkaffeebraune Huthaut, die bei Trockenheit seidig glänzt.

Nächtlicher Hexentanz im Rasen

Manch einer hat sich schon gewundert, wenn er am frühen Morgen in seinem Rasen eine kreisförmige Anordnung von Pilzen entdeckt hat. In früheren Zeiten wurden diese, als „Hexenring“ bezeichneten Erscheinungen als mitternächtliche Tanzplätze von Hexen gedeutet und nährten den Aberglauben beträchtlich.

Der wissenschaftliche Name des **Nelken-Schwindlings** geht zurück auf die Bergnymphen der Antike, die Oreaden, Naturgottheiten, die immer in größeren Gruppen auftraten. Auch der Nelken-Schwindling erscheint vom Frühsommer bis Herbst in großer Zahl in oftmals einige Meter Durchmesser erreichenden Ringen auf Wiesen und Weiden. „Hexenringe“ sind typisch für Pilze, die organische Substanz im Boden abbauen (Humuszehrer). Sie entstehen dort, wo deren Pilzgeflechte sich von einem Ausgangspunkt in geregeltem Wachstum über Jahre hinweg ausbreiten. Die älteren inneren Teile dieses Geflechtes sterben mit der Zeit aus Nahrungsmangel ab, am Rand wächst es aber weiter und bildet Fruchtkörper aus, die dann ringförmig angeordnet erscheinen. Diese Ringe werden von Jahr zu Jahr größer. Das Pilzgeflecht setzt im Wachstumsbereich Stickstoffverbindungen frei, so dass das Gras hier besonders saftig und grün ist.

Nelken-Schwindling
Marasmius oreades

- Schwindling
- Mai bis November
- auf Grasflächen
- essbar

Merkmale

Hut 2–5 cm, oft mit Buckel, feucht ledergelb bis rotbräunlich, trocken blasser. Lamellen weißlich-lederfarben. Stiel schlank.

Weißmilchender Helmling
Mycena galopus

- Helmling
- Mai bis November
- Laub- und Nadelwald
- unbedeutend

Merkmale

Hut 1–2 cm, kegelig-glockig, graubraun, grauschwarz bis weiß, wellig gerieft. Lamellen weißlich. Stiel dünn, hohl, grau.

Zwerge im Pilzreich

Der Weißmilchende Helmling und seine Verwandten gehören zu den Winzlingen unter den Pilzen. Man muss schon genau hinschauen, um sie am Waldboden nicht zu übersehen. Alle Helmlinge haben ein kleines, kegeliges Hütchen mit zart gerieftem Rand und einen dünnen Stiel.

So ähnlich wie der **Weißmilchende Helmling** sehen auch eine ganze Anzahl anderer Helmlinge aus. Er ist aber an einem einfachen, sehr typischen Merkmal zu erkennen: Bricht man sein zartes Stielchen ab, dann tritt ein kleiner weißer, milchiger Tropfen aus (Bild oben). Dieser weiße Safttropfen hat ihm auch seinen Namen gegeben. Es gibt noch einige andere Helmlinge, die bei Verletzung einen farbigen Saft ausscheiden: Der Gelborangemilchende Helmling scheidet einen orangegelben Saft aus, der die Finger intensiv färbt; dunkelroten Milchsaft führt der Blut-Helmling und wässrigen, weinroten der Purpurschneidige Blut-Helmling. Bei Trockenheit oder bei alten Exemplaren funktioniert diese „Saftprobe“ allerdings nicht immer, denn hier kann der erkennende Tropfen auch ausbleiben! Die Gruppe der Helmlinge ist kaum überschaubar. Über 100 Arten dieser Winzlinge sind bisher bei uns erforscht!

Ein Chamäleon mit Rettichgeruch

Die Hutfärbung des Rettich-Helmlings ist so variabel wie ein Chamäleon. Es gibt blasslila, braunviolette, rosafarbene, gelbliche, ja sogar weißliche Exemplare. Ist da eine sichere Bestimmung nicht unmöglich? Ein Merkmal ist typisch und unveränderlich: Zerreibt man den Pilz zwischen den Fingern, ist ein deutlicher Rettichgeruch wahrnehmbar.

Rettich-Helmling
Mycena pura

- **Helmling**
- **Mai bis November**
- **Laub- und Nadelwald**
- **giftig**

Merkmale

Hut 2–5 cm, mit stumpfem Buckel, farbig recht unterschiedlich, Rand durchscheinend gerieft. Lamellen grauweißlich. Stiel 4–7 cm lang.

Der **Rettich-Helmling** ist mit seinem bis zu 5 cm breiten Hut ein Riese unter den Helmlingen. Auch die ganz unterschiedlich ausfallenden Hutfärbungen (Bilder) und der starke Geruch nach Rettich heben ihn von seinen winzigen Verwandten ab. Nach Rettich riechen zwar noch zwei andere Helmlinge, die sich jedoch durch ein unveränderbares Äußeres unterscheiden, und zwar der Schwarzgezähnelte Rettich-Helmling, ein häufiger Buchenwaldbewohner mit schwarzpurpurnen Lamellenschneiden und der Rosa Rettich-Helmling mit rosafarbenen Lamellen und rosafarbenem Hut. In alten Pilzbüchern werden Rettich-Helmlinge als essbar bezeichnet. Inzwischen hat man jedoch festgestellt, dass sie alle das giftige Muscarin enthalten. Erste Symptome treten schon nach 15 – 30 Minuten auf.

Samtfuß-Rübling
Flammulina velutipes

- Samtfuß-Rübling
- September bis April
- an Laub- und Nadelholz
- essbar

Merkmale

Hut 2–12 cm, honiggelb bis rostbräunlich. Lamellen gelblich bis blassorange. Stiel weißgelblich, von unten braunschwarz.

Pilze sammeln im Winterwald

Der Samtfuß-Rübling ist einer der wenigen essbaren Pilze, die im Winter wachsen. Allein die Tatsache, dass der Pilz den ganzen Winter über in kleinen oder großen Büscheln vor allem auf Laubholz wächst ist schon erstaunlich – darüber hinaus handelt es sich aber auch noch um einen erstklassigen Speisepilz.

Der **Samtfuß-Rübling**, wegen seines Wachstums in der Winterzeit auch Winterrübling oder Winterpilz genannt, erfreut sich als Speisepilz großer Beliebtheit. Er besiedelt mit Vorliebe Laubbäume und ist in Auenwäldern während der kalten Jahreszeit regelmäßig anzutreffen. Mit seinen orange- bis braungelb gefärbten Hüten und den ein samtiges, braunes Kleid tragenden Stielen ist er unverwechselbar. Bei strengem Frost unterbricht der Pilz sein Wachstum, um es bei Tauwetter dann wieder aufzunehmen. Der Pilz kann zwar auch in gefrorenem Zustand gesammelt werden, Sie sollten allerdings darauf achten, dass das Fleisch nach dem Auftauen noch fest ist. Als holzbewohnender Speisepilz kann der Samtfuß-Rübling auch leicht im Garten kultiviert werden. In Japan wird der Samtfuß-Rübling zum Beispiel mit Erfolg auf einer Mischung aus Sägemehl und Reiskleie kultiviert.

Essbar oder giftig?

Kritische Pilzvergiftungen beruhen meist auf Verwechslungen zwischen essbaren und giftigen Arten. Wer Speisepilze sammelt, muss deshalb unbedingt auch deren giftige Doppelgänger kennen! Das gilt zum Beispiel für die essbare Nebelkappe und den giftigen Riesen-Rötling.

Riesen-Rötling
Entoloma sinuatum

- Rötling
- Juni bis Oktober
- Laubwald
- giftig

Merkmale

Hut 5–20 cm, mit stumpfem Buckel, seidig glänzend, elfenbeinfarben bis hellocker. Lamellen erst hellgelb, dann rosagelb.

Der giftige **Riesen-Rötling** sieht in jungem Stadium der Nebelkappe zum Verwechseln ähnlich, beide Pilze riechen zudem auch noch kräftig nach frischem Mehl! Glücklicherweise ist der heimtückische Giftpilz verhältnismäßig selten, und in Deutschland fehlt er in vielen Gegenden vollständig. In einigen europäischen Ländern steht er allerdings in der Reihe der Pilzvergiftungen weit vorne. Er verursacht schon kurz nach dem Verzehr heftige Verdauungsstörungen mit kolikartigen Magenschmerzen und sehr schweren Brechdurchfällen, die mehrere Tage anhalten können. Unerfahrene Speisepilzsammler sollten überhaupt die Finger von den Rötlingen lassen. Sie sind schwer auseinander zu halten und viele von ihnen sind giftig oder giftverdächtig! Und das wichtige Merkmal der Rötlinge, ihr rötlicher, namengebender Sporenstaub, der die Lamellen mehr oder weniger stark rosa färbt, tritt erst im Alter auf.

Kaiserling
Amanita caesarea

- **Wulstling**
- **Juli bis Oktober**
- **Laubwald**
- **essbar**

Merkmale

Hut 8–20 cm, leuchtend orangerot. Lamellen gelb. Stiel 8–16 cm, gelb, mit zitronengelbem, herabhängendem Ring, steckt in einer dicken, weißen Scheide.

Leckerbissen der Cäsaren

Schon die römischen Kaiser, von denen dieser Pilz seinen Namen bekam, schätzten den Kaiserpilz als unübertrefflichen Leckerbissen. In Mitteleuropa ist dieser wärmeliebende Pilz leider nur selten zu finden, und wer bei uns einen Kaiserling findet, darf sich getrost als Glückspilz fühlen. Da der Pilz bei uns geschützt ist, kann man sich aber nur an seinem Anblick erfreuen!

Der **Kaiserling** mit seinem leuchtend orange- bis scharlachroten Hut, dem gelben, beringten Stiel und der weißen Scheide wächst vor allem in den Eichen- und Kastanienwäldern Südeuropas und wird dort auch häufig auf Märkten angeboten. In nördlicheren Gefilden kann der Pilz nur in Gebieten mit mildem Klima wachsen. Sein festes, dickes und aromatisches Fleisch wird viel gerühmt und vielseitig zubereitet und kann sogar roh genossen werden. Wenn Fliegenpilze altern und der Regen die weißen Pusteln vom Hut abgewaschen hat, könnten sie von oben gesehen mit dem Kaiserling verwechselt werden – eindeutiges Unterscheidungsmerkmal sind jedoch Stiel und Lamellen, die beim Kaiserling gelb, beim Fliegenpilz jedoch weiß gefärbt sind!

Der Fliegenpilz ein Fliegenfänger?

In gezuckerter Milch aufgekochte oder mit Milch übergossene Fliegenpilzstücke locken Fliegen an und sollen sie abtöten. Daher wohl auch der Name „Fliegenpilz". Die Fliegen sterben allerdings nicht, sondern sind nur betäubt und erholen sich nach einigen Stunden wieder. Sie müssen schon noch selbst Hand anlegen.

Fliegenpilz
Amanita muscaria

- **Wulstling**
- **Juli bis Oktober**
- **Laub- und Nadelwald**
- **giftig**

Merkmale

Hut 5–30 cm breit, leuchtend- bis orangerot, mit weißen Flocken. Lamellen weiß. Stiel weiß mit weißem Ring, Basis knollig.

Der **Fliegenpilz** ist einer der bekanntesten Pilze überhaupt – jedes Kind kennt ihn aus Märchen- und Bilderbuch –, und jeder weiß, dass dieser schöne Pilz giftig ist. Vergiftungen aufgrund von Verwechslungen mit essbaren Arten sind beim Fliegenpilz daher wohl kaum zu erwarten. Ganz junge, kugelige Fruchtkörper könnten mit Bovisten verwechselt werden, sind jedoch im Schnitt bereits an einer rotgelben Linie unter der Haut erkennbar (Bild oben). Wenn Probleme auftreten, dann bei missbräuchlichem Gebrauch. Seit Jahrtausenden ist seine Wirkung als Rauschdroge bekannt, denn der Pilz enthält Giftstoffe, die auf das Nervensystem wirken und Rauschzustände, Wahnvorstellungen und auch Brechdurchfälle verursachen. Die „Reise ins Glück" kann aber auch tödlich enden! Für Fliegen aber anscheinend nicht!

Giftmord trotz Vorkoster

Das Wissen um die Giftigkeit des Grünen Knollenblätterpilzes war schon in der Antike bekannt. Heimtückische Morde an unbeliebten Zeitgenossen waren an den Höfen nicht selten und Mittel, bei denen die Vergiftungserscheinungen langsam auftreten, waren den Meuchelmördern gerade recht.

Der gefährlichste aller Pilze ist der **Grüne Knollenblätterpilz**, der in seltenen Fällen auch ganz weiß sein kann (Bild oben). Seine Giftigkeit war schon in der Antike bekannt und wurde als tückische Waffe genutzt, denn die damals bei den misstrauischen Adeligen üblichen Vorkoster konnten den Speisen untermischte Gifte mit einer Langzeitwirkung natürlich nicht erkennen. Vergiftungserscheinungen beim Grünen Knollenblätterpilz treten sechs Stunden bis zwei Tage nach seinem Genuss auf, so dass jede Hilfe meist zu spät kommt. Einer der bekanntesten Fälle ist die Ermordung von Kaiser Claudius (54 n. Chr.), veranlasst von seiner Frau Agrippina. Mit dem Ziel, ihren Sohn Nero auf den Thron zu bringen, schaltete die ehrgeizige Kaiserin Locusta, eine der berüchtigsten Giftmischerinnen, ein. Claudius verstarb nach den Überlieferungen an einer Knollenblätterpilzvergiftung drei Tage nach dem Genuss eines Pilzgerichtes.

Grüner Knollenblätterpilz
Amanita phalloides

- Wulstling
- Juli bis Oktober
- Laubwald
- tödlich giftig

Merkmale

Hut 4–15 cm, olivgrün, auch weiß. Stiel 6–20 cm, mit hängendem Ring, Basis verdickt, in einer abstehenden Scheide.

Kegelhütiger Knollenblätterpilz
Amanita virosa

- **Wulstling**
- **Juli bis Oktober**
- **Nadelwald, Moore**
- **tödlich giftig**

Merkmale

Hut 4–8 cm, kegelig-glockig, später gewölbt, weiß, seidig-faserig. Stiel 6–15 cm, mit hängendem Ring, Knolle mit weißer, anliegender Scheide.

Unachtsamkeit kann tödlich sein!

Grundsätzlich gilt: allein sichere Pilzkenntnis schützt vor Vergiftungen! Da die Knollenblätterpilze in Mitteleuropa für etwa 90 % der tödlichen Pilzvergiftungen verantwortlich sind, sollte der Pilzsammler ganz genau wissen, wie diese Pilze aussehen und im Zweifelsfall auch ähnliche essbare Pilze lieber stehen lassen!

Der **Kegelhütige Knollenblätterpilz** steht in seiner Giftigkeit dem Grünen Knollenblätterpilz nicht nach. Er ist allerdings seltener und kommt hauptsächlich in feuchten Nadelwaldgebieten und Mooren vor. Speisepilzsammler sollten sich beim Sammeln von weißhütigen Speisepilzen vor Verwechslungen hüten. Sie müssen unbedingt darauf achten, ob die Pilze eine Knolle haben – oftmals steckt diese auch tiefer im Boden. Wer also weiße Pilze sammelt, sollte erst etwas im Moos, Laub- oder Nadelstreu graben, um auch absolut sicher zu sein, dass es sich nicht um einen Knollenblätterpilz handelt! Knollenblätterpilzvergiftungen hat man lange Zeit mit Aktivkohle, hohen Penicillingaben, Magenspülungen und einer symptomatischen Behandlung der Leberschäden behandelt. Seit den achtziger Jahren senkt „Silibinin“, ein Wirkstoff aus den Früchten der Mariendistel, die Sterblichkeitsrate deutlich.

Nur für erfahrene Sammler geeignet!

Unerfahrene Pilzsammler sollten die Gruppe der Wulstlinge, also Pilze, die aus einer Knolle herauswachsen, tunlichst meiden, auch wenn unter ihnen einige wohlschmeckende Pilze zu finden sind – die Gefahr, an einen tödlich giftigen Vertreter wie Knollenblätterpilz oder Pantherpilz zu gelangen, ist zu groß!

Perlpilz
Amanita rubescens

- Wulstling
- Juni bis Oktober
- Laub- und Nadelwald
- essbar, roh giftig

Merkmale

Hut bis 15 cm, braunrötlich mit grauweißlichen bis -rötlichen Flocken. Stiel mit geriefter Manschette, Basis knollig verdickt.

Der **Perlpilz**, der in ganz Europa in Laub- und Nadelwäldern verbreitet ist und zu den häufigsten Sommerpilzen gehört, ist einer der essbaren Wulstlinge. Den Namen Perlpilz hat er wohl von den grauweißen bis graurötlichen Pusteln erhalten, die den bräunlichen Hut bedecken. Ein wichtiges Merkmal ist es, dass die Lamellen mit zunehmendem Alter braunrötliche Flecken bekommen. Eine braunrötliche Verfärbung tritt auch ganz besonders deutlich an den Fraßgängen der Maden in der Stielbasis auf (Bild oben). Man nennt den Pilz deshalb auch „Rötender Wulstling“. Der Perlpilz enthält giftige Stoffe, die jedoch durch Blanchieren (Kochwasser wegschütten!) zerstört werden. Danach kann man den Pilz bedenkenlos weiterverarbeiten. Roh genossen oder ungenügend gegart ist er giftig – aber Pilze sollte man bekanntlich ohnehin nicht roh genießen.

Zucht-Champignon
Agaricus bisporus

- Egerling
- ganzjährig
- auf Spezialsubstrat
- essbar

Merkmale

Hut 4–10 cm, jung halbkugelig, später ausgebreitet, weiß oder bräunlich. Lamellen jung rosa, alt schokoladenbraun.

„Egartlinge“: weltweit kultiviert

Die Stammform des Zucht-Champignons, der Kompostegerling kann in Komposthaufen im Garten, auf brachliegendem Land oder am Wegrand auftreten. „Egarte“, der Name für brachliegendes Land, gab den Pilzen ihren Volksnamen „Egartlinge“. Daraus wurden dann die heute bekannten Egerlinge.

Bereits im 17. Jahrhundert wurde mit dem Anbau von **Zucht-Champignon**s in den Katakomben von Paris begonnen. Bei den Zuchtversuchen fand man bald heraus, dass sich die „Champignons de Paris“ zuverlässiger entwickelten, wenn dem Nährboden Erde beigemischt wurde, auf der bereits Champignons wuchsen. Den entscheidenden Fortschritt brachte die Herstellung von Pilzbrut zum Animpfen der Beete. Diese Methode wurde im Pasteur-Institut in Paris entwickelt und streng geheim gehalten. Als die Technik jedoch in Amerika nachvollzogen und bekannt gegeben wurde, war das französische Monopol gebrochen. Was zunächst als teure Delikatesse für die Gourmets in Frankreich produziert wurde, wurde bald weltweit kultiviert, und heute werden Champignons das ganze Jahr über in jedem Supermarkt preiswert verkauft.

Milliardenfache Vermehrung?

Die rosafarbenen Lamellen des Wiesen-Egerlings färben sich zur Reife der Pilzkörper schokoladen- bis dunkelbraun. Diese Dunkelfärbung entsteht durch Milliarden von Fortpflanzungskörpern (Sporen), die in den Pilzlamellen heranwachsen und zur Reifezeit ausgestreut werden.

Wiesen-Egerling
Agaricus campestris

- Egerling
- Juni bis Oktober
- auf Wiesen, Weiden
- essbar

Merkmale

Hut 3–12 cm, weiß, matt oder feinschuppig. Lamellen jung rosa, alt schokoladenbraun. Stiel 5–7 cm, mit Ring.

Pilzforscher schätzen die Zahl der von einem einzigen **Wiesen-Egerling**, auch Wiesen-Champignon genannt, erzeugten Sporen auf eine bis zwei Milliarden. Ähnliche Zahlen sind auch von vielen anderen Pilzen zu erwarten. Unvorstellbar, wenn auch nur aus einem Prozent der Sporen ein Pilz entstünde! Schnell würden wir in unseren Lieblingen ersticken. Aber keine Sorge, ihr komplizierter Fortpflanzungsmechanismus lässt eine derartige Flut nicht zu. Im Verhältnis zu anderen Pilzen jedoch sorgt der Wiesen-Egerling unter guten biologischen Voraussetzungen für zahlreiche Nachkommenschaft. In Europa ist er auf Wiesen und Viehweiden und Pferdekoppeln weit verbreitet. Besonders in trockenen Sommern kann er dort nach heftigen Regenfällen schnell und massenhaft auftreten und dann oftmals körbeweise gesammelt werden.

Karbol-Egerling
Agaricus xanthoderma

- Egerling
- Mai bis Oktober
- Wiesen, Waldränder
- giftig

Merkmale

Hut 5–15 cm, kalkweiß. Lamellen jung rosa, alt dunkelbraun. Stiel mit Ring, Basis im Schnitt chromgelb.

Wenn's beim Kochen nach Chemie riecht

Die meisten Egerlinge sind essbar, einige von ihnen sind mit giftigen Schwermetallen stark belastet und eine kleine Gruppe ist giftig. Pilzsammler werden aber spätestens beim Zubereiten der giftigen Egerlinge das Gericht in den Mülleimer werfen – es stinkt nämlich ganz gewaltig nach Chemie!

Der **Karbol-Egerling**, der meist gesellig in lichten Wäldern, an Waldrändern, in Wiesen, Parkanlagen und Gärten vorkommt, wird nicht selten mit dem Wiesen-Champignon verwechselt, obwohl er ganz eindeutig an der chromgelben Verfärbung an der Stielbasis (Bild unten) und seinem unangenehmen Geruch zu erkennen wäre. Zu Vergiftungen mit diesem Pilz kommt es allerdings recht selten, denn mit dem Erhitzen der Pilze steigen unangenehme Gerüche nach Karbol (Name!) oder Tinte aus Pfanne oder Kochtopf, und nur ganz Hartgesottene werden jetzt nicht vom Verspeisen des Pilzgerichtes abgehalten. Dennoch verspeist verursacht der Karbol-Egerling Übelkeit, Erbrechen, Durchfall und Bauchschmerzen. Auch die anderen giftigen Egerlinge sind alle im Schnitt an der Gelbfärbung und an ihrem unangenehmen Geruch nach Chemie (Phenol, Tinte, Desinfektionsmittel) zu erkennen.

Anisplätzchen, Paukenschlegel und Schirm

Der Parasolpilz ändert im Laufe seines Wachstums ganz auffällig seine Form: Ganz jung hat er die Form eines Anisplätzchens. Der kräftige Stiel streckt sich jedoch schnell, und der Pilz zeigt dann eine typische Paukenschlegelform. Später breitet sich der Hut zu einem stattlichen Schirm aus.

Parasol
Macrolepiota procera

- Riesenschirmpilz
- Juli bis Oktober
- Wiesen, Wälder
- essbar

Merkmale

Hut 10–40 cm, kugelig-eiförmig, später ausgebreitet mit Buckel, bräunlich, wollig mit Schuppen. Stiel genattert, mit doppeltem Ring.

Der **Parasol**, auch Riesenschirmling genannt, ist der größte unserer heimischen Lamellenpilze. Es ist für jeden Naturfreund ein eindrucksvolles Erlebnis, seine Fruchtkörperentwicklung vom Anisplätzchen (Bild oben), über die Paukenschlegelform bis hin zum Riesenschirm zu verfolgen. Ausgewachsene Fruchtkörper, die einzeln oder zu mehreren auf einer Heide oder im lichten Wald stehen, sind schon ein eindrucksvolles Bild. Und dem Feinschmecker läuft allein beim Anblick schon das Wasser im Munde zusammen – besteht doch Aussicht auf ein besonders leckeres und ergiebiges Pilzgericht. Die Stiele sind zäh und zum Verzehr ungeeignet. Die wahrhaft riesigen Hüte dagegen sind sehr ergiebig, als „Schnitzel" paniert und gebraten oder gar mit einer Scheibe Schinken und Käse verfeinert schmecken sie wahrhaft köstlich (kleines Bild).

Ein Pilz, der Tinte liefert

In längst vergangenen Zeiten, als man noch mit Gänsefedern schrieb, hat man aus Schopf-Tintlingen Tinte hergestellt. Dazu wurden die Pilzhüte in ein Gefäß gelegt. Die entstehende, braunschwarze Lösung wurde dann aufgefangen, behandelt und konserviert – fertig war die Tinte.

Schopf-Tintling
Coprinus comatus

- Tintling
- Mai bis November
- Grasflächen, Wälder
- essbar

Merkmale
Hut walzenförmig, weißlich, mit Schuppen. Lamellen weiß, bald rosa, dann tintenartig zerfließend. Stiel schlank, mit Ring.

Der **Schopf-Tintling** kann zur Freude der Pilzsammler in großen Mengen über Nacht in Gärten und Parkanlagen heranwachsen. Ganz junge, noch geschlossene Pilze schmecken sehr gut, müssen aber zubereitet werden, solange die Lamellen noch weiß oder blassrosa sind – und das dauert nicht lange. Schneidet man einen Hut einmal der Länge nach durch, erkennt man die anfänglich weißen Lamellen, die sich von unten, also vom Hutrand her schnell rosa verfärben und danach schwärzen. Mit fortgeschrittener Reife beginnen sich Lamellen und Pilzfleisch zu einer tintenartigen Brühe zu verflüssigen. Dieser Vorgang ist typisch und namengebend für Tintlinge. Übrig bleiben die Stiele, an denen zum Schluss nur noch schwarze Hutfetzen hängen. Weil der weiße, walzenförmige Hut eine gewisse Ähnlichkeit mit kräftigen, dicken Spargelsprossen hat, nennt man den Pilz auch Spargelpilz – und wie dieses feine Gemüse kann er auch zubereitet werden.

Ein Herkules unter den Kulturpilzen

Der Riesen-Träuschling ist ein beliebter Zuchtpilz geworden, denn er kann im Garten an schattigen Plätzen auf Strohsubstrat und anderen pflanzlichen Abfällen leicht kultiviert werden. Mit etwas Glück kann man riesige Exemplare mit bis zu 20 cm langen Stielen und 25 cm breiten Hüten ernten.

Riesen-Träuschling
Stropharia rugosoannulata

- Träuschling
- Juni bis Oktober
- auf organischen Abfällen
- essbar

Merkmale

Hut 5–25 cm, gewölbt bis ausgebreitet, rotbraun, auch blassgelb (Bild oben). Lamellen grau- bis schwarzviolettlich. Stiel kräftig, mit Ring.

Der **Riesen-Träuschling** kann gelegentlich – dann aber in großen Mengen – wildwachsend auf Äckern vorkommen, denn faulendes Stroh und andere organische Abfälle bieten ihm ideale Wachstumsbedingungen. Wegen seiner rotbraunen Hutfarbe, die im Alter allerdings zunehmend heller wird, ist der Pilz auch unter dem Namen „Braunkappe" bekannt. Typisch für diesen Pilz ist der Stielring und die auf dem jungen Hut und Hutrand klebenden weißen Flöckchen. Das Fleisch ist sehr fest und haltbar – eine sehr wichtige Eigenschaft für einen Kulturpilz! Es riecht schwach rettichartig und schmeckt mild bis etwas erdartig. Der Pilz hat in sehr seltenen Fällen Brechdurchfälle verursacht und sollte nicht roh verzehrt werden. Wer den leicht zu kultivierenden und ergiebigen Pilz bei sich im Garten züchten will, der kann sich Pilzbrut unter der Bezeichnung „Braunkappen" oder „Kultur-Träuschlinge" in Fachgeschäften kaufen.

Grünblättriger Schwefelkopf
Hypholoma fasciculare

- Schwefelkopf
- Frühjahr bis Herbst
- an Laub- und Nadelholz
- giftig

Merkmale

Hut 2–7 cm, oft stumpf gebuckelt, schwefelgelb, Mitte rotbräunlich. Lamellen schwefelgelb. Stiel schlank, schwefelgelb, später grüngelb.

Holzabbau in geordneter Reihenfolge

Wenn es darum geht, auch dem größten sterbenden Baumriesen „den Rest zu geben", sind viele Pilze daran beteiligt, und zwar in geordneter Reihenfolge. Der Grünblättrige Schwefelkopf ist einer der Pilze, die als „Drittbesiedler" auf toten Stämmen und Stümpfen von Laub- und Nadelholz vorkommen.

Der **Grünblättrige Schwefelkopf** überzieht oft in großen Büscheln ganze Baumstümpfe im Wald. Hier ernährt er sich, wie viele andere Holzpilze, vom modernden Holz. Sein typisches Merkmal sind das schwefelgelbe Fleisch und die grüngelben bis olivgrünen Lamellen. Man weiß noch nicht genau, welche der unzähligen und überall in der Natur vorhandenen Pilzsporen zu welchem Zeitpunkt ihre Pilzgeflechte im Holz entwickeln und wie sie sich gegenseitig verhalten. Die Reihenfolge, in der die einzelnen Gruppen auf dem Holz erscheinen, ist jedoch ziemlich geordnet: Zuerst erscheinen auf den Stämmen Schlauchpilze, Spaltblättlinge und Schichtpilze. Danach siedeln sich über mehrere Jahre Porlinge an und zum Schluss folgen zunehmend holzbewohnende Blätterpilze wie der Grünblättrige Schwefelkopf.

Erntesegen auf Nadelholzstümpfen

Der Rauchblättrige Schwefelkopf wächst vom Herbst bis zum Wintereinbruch büschelig an toten Nadelholzstümpfen. Hier kann er in relativ kurzer Zeit oftmals körbeweise gesammelt werden. Da er kaum von Maden befallen wird, bringt er – obwohl nur die Hüte verwendet werden – ergiebige Mahlzeiten.

Der **Rauchblättrige Schwefelkopf** wurde in früheren Jahren gerne zur „Aufstockung" der Haushaltskasse gesammelt: Zum einen, weil er wohlschmeckende Gerichte lieferte, zum andern, weil relativ schnell ein reicher Erntesegen eingebracht werden konnte. Dass der Pilz streng an tote Nadelholzstümpfe gebunden ist, macht auch die Suche relativ einfach. Die zahlreichen Fruchtkörper wachsen dabei oft zwischen der sich ablösenden Borke und dem Splintholz aus einem feinen Pilzgeflecht hervor, das im Holz wuchert und zur Zersetzung desselben führt. Leider hat auch der Rauchblättrige Schwefelkopf einen giftigen Doppelgänger: den sehr bitteren Grünblättrigen Schwefelkopf (kleines Bild, links). Eine fatale Tatsache, die bei leichtfertigem, oberflächlichem Sammeln immer wieder zu Verwechslungen führt. Hier hilft eine winzige Geschmacksprobe (Probe ausspucken!).

Rauchblättriger Schwefelkopf
Hypholoma capnoides

- Schwefelkopf
- September bis Dezember
- an Nadelholz
- essbar

Merkmale

Hut 2–10 cm, blassgelb, Mitte rötlichbraun. Lamellen gedrängt, blass, später aschgrau. Stiel nach unten zu rostbraun.

Stock-schwämmchen
Kuehneromyces mutabilis

- Stockschwämmchen
- Mai bis Dezember
- auf Holz
- essbar

Merkmale

Hut 3–8 cm, gelbbraun, mit dunklerer Randzone. Lamellen hell- bis rostbraun. Stiel unterhalb des Rings mit sparrigen, braunen Schüppchen.

Stockschwämmchenernte im Garten

Das Stockschwämmchen ist ein sehr ergiebiger und wohlschmeckender Suppenpilz, der allerdings einige giftige und ungenießbare Doppelgänger besitzt. Auf der sicheren Seite ist man allerdings, wenn man die Stockschwämmchen nicht in freier Natur sammelt, sondern sie unverwechselbar im Garten kultiviert.

Das **Stockschwämmchen** kann relativ einfach im Garten kultiviert werden: Besorgen Sie sich etwa 40 cm lange und mindestens 15 cm dicke Rotbuchen-Hölzer und eine Stockschwämmchen-Pilzbrut. Das Holz sollte nicht länger als ein halbes Jahr geschlagen und darf nicht zu trocken sein. Beimpfen Sie die Schnittflächen mit Pilzbrut und nageln Sie dann dünne Holzscheiben darüber. Stapeln Sie dann die Hölzer zusammen (kleines Bild), decken sie mit Stroh und Erde ab und versehen Sie das Ganze mit einer dunklen Folie, die einige Luftlöcher hat. Nach etwa 5 Monaten ist das Holz von weißen Pilzfäden überzogen. Jetzt werden die Hölzer mit der Impfstelle nach oben etwa 10 cm tief in Erde eingegraben. Sorgen Sie dafür, dass die Hölzer nicht austrocknen (begießen!). Nach ein paar Wochen zeigen sich die ersten Fruchtkörper. Die Hölzer tragen über viele Jahre Pilzfruchtkörper.

Giftige Frühlingsgrüße aus dem Park

Wer im Mai auf Rasenflächen in Parks oder auf anderen grasigen Stellen die ersten Maipilze oder Wiesen-Champignons ernten will, der muss sich vor dem giftigen Ziegelroten Risspilz in Acht nehmen – zumal dieser Pilz verwirrenderweise auch noch einen angenehm obstartigen Geruch verströmt.

Ziegelroter Risspilz

Inocybe erubescens

- **Risspilz**
- **Mai bis August**
- **Parkanlagen, Wälder**
- **giftig**

Merkmale

Hut 2–9 cm, glockig, radialfaserig, jung weißlich, später ziegelrötlich. Hut, Stiel und Lamellen färben bei Druck und im Alter ziegelrötlich.

Der **Ziegelrote Risspilz** kann für den Pilzsammler, der im Mai nach dem Maipilz oder Wiesen-Champignons Ausschau hält, leicht gefährlich werden, da er das Nervengift Muscarin enthält, das zu schweren Vergiftungen führen kann.
Es ist schon fatal, das der Ziegelrote Risspilz zum einen zur gleichen Zeit an den gleichen Standorten auftreten kann, zum andern in jungem Zustand ebenfalls weiße bis strohgelbe Hüte trägt! Im Alter ist er kaum mehr zu verwechseln: Der Hut hat nun eine ziegelrötliche Färbung und reißt am Rand oft ein (Name!). Junge, noch weißhütige Pilze können aber relativ gut zugeordnet werden, wenn man weiß, dass sich Hut und Fleisch bei Druck oder kräftigem Reiben langsam (oft erst nach Stunden, also Geduld haben!) ziegelrot verfärben.

Duftender Risspilz
Inocybe bongardii

- Risspilz
- Juli bis Oktober
- unter Bäumen
- giftig

Merkmale

Hut 2–6 cm, tabakbraun, mit Faserschüppchen. Stiel bis 6 cm lang, deutlich gefasert. Fleisch auf Druck etwas rötend.

Vorsicht vor Birnenschnaps-Geruch!

Was nach Williams Christ-Schnaps riecht, das kann doch so unrecht nicht sein. Wer so denkt, wenn er einen Pilz mit angenehm aromatisch, süßlich-obstartigem Geruch mit Birnenschnaps-Komponente vor sich hat, der täuscht sich erheblich: Der Pilz ist keinesfalls für den Verzehr geeignet!

Eigentlich sollte der **Duftende Risspilz** unverwechselbar sein, denn er riecht unverkennbar nach Birnenschnaps. Aber ganz so ganz einfach ist das nicht, denn auch noch zwei andere Risspilze haben einen an Williams Christ-Schnaps erinnernden Geruch: der Grünscheitelige Risspilz und der Birnen-Risspilz. Im Endeffekt kann es dem Pilzsammler jedoch egal sein, denn alle nach Birnenschnaps riechenden Pilze mit radial einreißendem Hut sind nicht zum Verzehr geeignet! Der hohe Gehalt an Muscarin führt meist schon 15–30 Minuten nach dem Verzehr zu Schweißausbrüchen verbunden mit Speichel- und Tränenfluss. Dazu kommen Sehstörungen, Erbrechen und Bauchkoliken. Schwere Vergiftungen enden mit Lungenödem oder Herzversagen.

Ein Pilz, der Sand und Säure liebt

So wie es Blumen gibt, die nur auf ganz bestimmten Böden wachsen und durch ihr Erscheinen schon anzeigen, wie der Untergrund beschaffen ist (Zeigerpflanzen), so gibt es auch Pilze, von denen man weiß, wo man sie auf jeden Fall findet oder auf gar keinen Fall suchen muss.

Reifpilz
Rozites caperatus

- Reifpilz
- Juli bis Oktober
- saure Nadelwälder
- essbar

Merkmale

Hut 4–12 cm, jung halbkugelig, dann gewölbt, semmelfarben, silbrig bereift, Rand alt oft eingerissen. Stiel 5–15 cm, mit schmalem Ring.

Der **Reifpilz** ist so ein Pilz, von dem man weiß, dass er nie auf kalkhaltigen Böden wächst, dafür aber auf sandigem oder saurem Boden zu suchen ist. Wo zum Beispiel Heidelbeeren und Heidekraut wachsen, da darf man auch mit dem Auftreten von Reifpilzen rechnen. Seinen Namen bekam der Pilz von dem reifartigen Hutbelag, der bis ins Alter erhalten bleibt.

Man nennt den Reifpilz aber auch Zigeuner, und das, weil er bei Trockenheit und im Alter mit seinem eingerissenen Hutrand einen etwas heruntergekommenen Eindruck macht. Die radial gerunzelte Huthaut und die frühere Zuordnung zu den Schüpplingen, weil er einen Stielring und braunes Sporenpulver besitzt, hat ihm den Volksnamen Runzelschüppling eingebracht (lateinisch caperatus = runzelig).

Spitzgebuckelter Raukopf
Cortinarius rubellus

- Raukopf
- Juli bis Oktober
- saure Nadelwälder
- tödlich giftig

Merkmale

Hut 2–7 cm, spitz gebuckelt, feinschuppig, rostbräunlich. Stiel bis 10 cm, rostbraun, längsfaserig. Lamellen rostbräunlich.

Giftig und auch noch heimtückisch

Der Spitzgebuckelte Raukopf gehört zu einer sehr heimtückischen Pilzgruppe, den Rauköpfen. Diese Pilze sind nämlich nicht nur giftig, sie sind darüber hinaus auch noch äußerst heimtückisch, weil erst nach zwei Tagen bis nach zwei (!) Wochen nach ihrem Verzehr Erkrankungssymptome auftreten!

Der **Spitzgebuckelte Raukopf** kommt häufig in feuchten, moosigen Bergnadelwäldern und Mooren Süddeutschlands vor. Kennzeichnend für ihn ist der trockene, feinfilzig-faserige, spitzgebuckelte (Name!), rostrote Hut. Die Giftigkeit der Rauköpfe wurde erst im Sommer 1952 nach einer Massenvergiftung durch Orangefuchsige Rauköpfe in Polen – bei der 11 Menschen starben – erkannt. Der Zeitabschnitt zwischen der Einnahme der Giftstoffe und dem Auftreten der auf eine Nierenschädigung hindeutenden Krankheitssymptome, ist von der aufgenommenen Giftmenge abhängig. Bei den Rauköpfen treten heimtückischerweise erst Krankheitsanzeichen auf, wenn kein Mensch mehr an eine vorausgegangene Pilzmahlzeit denkt. So glaubte man in Polen zunächst auch an eine epidemische Erkrankung unbekannter Ursache. Erst nach sorgfältigen Recherchen und Tierversuchen wurden die eigentlichen Zusammenhänge aufgedeckt.

Das Eulenauge im Buchenwald

Die Schleiereule heißt auch Eulenauge. Sie hat ihre Volksnamen vom Aussehen der jungen Pilze. Zu Beginn ist der kugelige Fruchtkörper der Schleiereule samt Basisknolle von einem weißen Schleier überzogen. In kurzer Zeit wird dieser aufgerissen und der Pilz guckt wie ein Eulenauge aus dem Erdboden.

Schleiereule
Cortinarius praestans

- Schleimkopf
- August bis Oktober
- Laubwald
- essbar

Merkmale

Hut 5–25 cm, braunviolett mit flockigen Hüllresten. Stiel 10–20 cm, keulig, weißlich-blassviolett. Lamellen ockerbraun.

Die erwachsenen Fruchtkörper der **Schleiereule** erreichen beachtliche Ausmaße. Sie können 20 cm hoch und 25 cm breit werden. Daher kommt auch der wissenschaftliche Name (lateinisch praestans = stattlich). Die Stielbasis wird von einer kräftigen weißen Knolle gebildet. Auf dem Hut bleiben flockenartige, weiße Schleierreste zurück. Der Hutrand ist lange nach unten gebogen und wird im Alter runzelig. Die Schleiereule wächst meist gesellig oder sogar nesterartig in Kalk-Buchenwäldern und ist dort nicht zu übersehen. Gelegentlich wird der Pilz wegen seines schleimigen Hutes und des bläulich bis blassvioletten Stiels auch Blaugestiefelter Schleimkopf genannt. Der Pilz ist zwar essbar, und wurde früher wegen seiner Ergiebigkeit sehr geschätzt. Inzwischen ist aber schon selten geworden und sollte deshalb geschont werden.

Sprödblättler

Diese Pilzgruppe, zu der die Täublinge und Milchlinge zählen, trägt an der Hutunterseite Lamellen, die sich bei den Täublingen allerdings durch eine gewisse Sprödigkeit von denen der Blätterpilze unterscheiden. Fährt man mit der Fingerspitze darüber, so splittern kleine Stücke ab. Ein weiteres Merkmal ist der in der Längsachse glatte Bruch der Stiele. Bei anderen Pilzgruppen fasern die Stiele beim Brechen der Länge nach aus.

Täublinge leuchten in allen Farben und sind zumeist recht häufig anzutreffen. Betrachtet man die Hutunterseite, dann stellt man fest, dass die Lamellen meistens vom unberingten Stiel bis zum Hutrand reichen. Die genaue Bestimmung der einzelnen Täublinge bereitet allerdings erhebliche Schwierigkeiten. Dem Speisepilzsammler hilft nur eine kleine Kostprobe: Alle mild schmeckenden Täublinge sind essbar; alle scharf schmeckenden (Kostprobe ausspucken!) sind ungenießbar oder gar giftig!

Die Milchlinge geben bei Verletzung einen unterschiedlich gefärbten Milchsaft ab. Besonders auffällig ist der mehr oder weniger orange gefärbte Milchsaft der Reizker.

Gallen-Täubling
Russula fellea

- Täubling
- Juli bis November
- Laub- und Nadelwald
- giftig

Merkmale

Hut 4–9 cm, hell ocker- oder strohgelb, Mitte dunkler, Rand alt furchig. Lamellen und der 2–6 cm lange Stiel hutfarben.

Ein Name, der täuscht

Der Name Gallen-Täubling täuscht. Bei einer Kostprobe seines gelbweißen, festen Fleisches erwartet man bei dem Namen eigentlich einen bitteren Geschmack. Aber nicht gallenbitter schmeckt der Pilz, sondern brennend scharf, er sollte also eher Brennendscharfer Täubling heißen!

Auch wer den wissenschaftlichen Namen des **Gallen-Täublings** übersetzt, landet auf dem Holzweg: „fel" kommt aus dem Lateinischen und bedeutet Galle. Warum der brennend scharf schmeckende Pilz nun Gallen-Täubling heißt, ist ungeklärt. Auf jeden Fall lässt schon eine kleine Kostprobe erkennen, dass dieser Pilz nicht zum Verzehr geeignet ist, ob er nun bitter oder scharf schmeckt. Ein weiteres Erkennungsmerkmal des Gallen-Täublings ist sein intensiver süßlich-obstartiger Geruch. Man kann den Gallen-Täubling im Laub- und Nadelwald antreffen, am besten gefällt es dem Pilz aber unter Rotbuchen, mit denen er besonders gern Partnerschaft schließt.

Für Pilzsammler könnte man die große Gruppe der Täublinge ganz grob durch eine kleine Kostprobe in essbar oder ungenießbar einteilen. Alle mild schmeckenden Täublinge sind essbar, alle bitter oder scharf schmeckenden sind ungenießbar oder gar giftig.

Ein Massenpilz im Laub- und Nadelwald

Der Ocker-Täubling ist ein Pilz, den man in vielen Jahren körbeweise ernten kann. Schade nur, dass er als Speisepilz nur von minderer Qualität ist und sich nur als Mischpilz eignet. Er schmeckt mild bis leicht scharf und die spröde Konsistenz des Pilzfleisches ist ebenfalls wenig einladend.

Ocker-Täubling
Russula ochroleuca

- Täubling
- Juli bis November
- Laub- und Nadelwald
- essbar

Merkmale

Hut 4–12 cm, ockergelblich, bisweilen auch oliv, Rand ungerieft. Lamellen alt gelblich. Stiel 2–6 cm, weißlich.

Der **Ocker-Täubling**, aufgrund seiner Färbung auch Gelbweißer Täubling, Weißblättriger Ocker-Täubling oder Zitronentäubling genannt (griechisch ochroleuca = ockergelb-weiß), kommt als Speisepilz eigentlich nur in Frage, wenn alle anderen schmackhaften Speisepilze nur in kleiner Zahl erscheinen, und dann auch nur in Form von Mischpilzgerichten. Nun lässt sich über den Geschmack bekanntlich trefflich streiten. Ich habe für die Beurteilung von Speisepilzen im Zweifelsfall eine recht einfache Methode: Die Pilze werden geputzt, in Butter gebraten und leicht mit Salz gewürzt. Dann folgt die Geschmacksbewertung. Gute Speisepilze sprechen für sich, weniger gute benötigen noch Zugaben. Vielleicht machen Sie die Geschmacksprobe auch einmal auf diese Weise.

Keine Regel ohne Ausnahme

Täublinge gehören zu den Sprödblättlern, das heißt, sie haben spröde Lamellen, die bei Berührung leicht splittern. Aber keine Regel ohne Ausnahme: Beim Frauen-Täubling splittern die weichen, sich fettig anfühlenden Lamellen nicht, sondern legen sich einfach nur um.

Frauen-Täubling
Russula cyanoxantha

- Täubling
- Juni bis Oktober
- Laub- und Nadelwald
- essbar

Merkmale

Hut 4–15 cm, glänzend, violett bis grüngelblich; Rand ungerieft. Lamellen weich, weiß, alt gelblich. Stiel 5–10 cm, weißlich.

Der **Frauen-Täubling**, auch als Violettgrüner Frauen-Täubling oder Blautäubling bekannt (griechisch cyanoxantha = blaugelb) ist ein ergiebiger und schmackhafter Speisepilz. Man kann ihn schon im Frühsommer nach einem warmen Gewitterregen sammeln, muss sich allerdings beeilen, denn der Pilz wird sehr gerne von Schnecken befallen, die sich „schnell" mit ihrer ungezügelten Fresslust über den vorzüglichen Speisepilz hermachen (Bild oben). Nicht nur diese gefräßigen Tiere mindern die Anzahl der Pilze, nach kurzer Zeit ist er auch von unzähligen Maden durchsetzt. Man sollte die Pilze deshalb schon beim Sammeln durchschneiden und – was für alle Pilze gilt – alte Exemplare im Wald stehen lassen. Ein Tipp für Gartenfreunde: Pilzreste bei Regen oder nachts im Garten auslegen. Das gefräßige Schneckenvolk kommt garantiert – die „Entsorgung" ist dann allerdings Ihre Sache!

Höllisch brennende Speiteufel

Lassen Sie sich von dem angenehmen, obstartigen Geruch und der leuchtenden Rotfärbung dieses Täublings nicht täuschen: Schon eine kleine Kostprobe brennt höllisch auf der Zunge und Sie werden sie sofort ausspucken – nicht umsonst heißt dieser verlockende Pilz auch Speiteufel.

Auch der wissenschaftliche Name des **Spei-Täublings** (lateinisch emetica = zum Erbrechen reizend) sagt schon aus, dass es sich hier keinesfalls um einen Speisepilz handelt.
Der kirschrote Pilz hat mehrere sehr ähnliche Verwandte, die sich auf unterschiedliche Baumpartner und Lebensräume eingestellt haben. Im Buchenwald wächst der Buchen-Speitäubling, unter Birken in Feuchtgebieten findet man den Birken-Speitäubling und unter Kiefern wächst der Kiefern-Speitäubling. Alle zeichnen sich durch schmerzhaft brennenden Geschmack aus, der im Allgemeinen vom Verzehr abhält und damit wohl schon manche Pilzvergiftung verhindert hat. Eine kleine Geschmacksprobe, die meist sowieso gleich wieder ausgespuckt wird, ist unschädlich, größere Mengen führen allerdings zu starken Brechdurchfällen!

Spei-Täubling
Russula emetica

- Täubling
- Juli bis November
- Nadelwald
- giftig

Merkmale

Hut 4–10 cm, leuchtend blut- bis kirschrot, alt gelblich bis weißlich fleckend. Lamellen weiß. Stiel 5–8 cm, weiß.

Pfeffer-Milchling
Lactarius piperatus

- Milchling
- Juni bis Oktober
- Laubwald
- kein Speisepilz

Merkmale
Hut 6 –15 cm, cremeweißlich, alt mit gelbbräunlichen Flecken. Lamellen weißlich. Stiel 3 –12 cm, weiß.

Für Leute, die es scharf mögen

In neuerer Zeit trifft man immer häufiger Pilzsammler, die massenweise die auffälligen, scharf schmeckende Milchlinge sammeln. Spricht man sie an, dann stellt man fest, dass es sich um Osteuropäer handelt. Ihre Aussage: „Die Pilze schmecken gut, man muss sie nur richtig zubereiten!"

Der **Pfeffer-Milchling** gehört zur leicht erkennbaren Gruppe der Milchlinge. Das sind Pilze, deren Fleisch bei Verletzung eine milchige Flüssigkeit absondert, was ihnen auch den Namen „Milchlinge" eingebracht hat. Der Pfeffer-Milchling kann wegen seiner oftmals recht großen, weißen Hüte im Laubwald kaum übersehen werden und ist deshalb auch leicht zu sammeln. Wegen seiner großen Schärfe wurde er bei uns als Speisepilz jedoch nicht verwendet. In Osteuropa wird dieser Pilz allerdings schon seit alters her für den Wintervorrat konserviert. Er soll dabei viel von seiner Schärfe verlieren. Die Methode ist allerdings aufwändig: die Pilze werden zunächst lange gewässert, dann abgekocht und anschließend in Salz und Essig eingelegt. Bisweilen wird der Pfeffer-Milchling auch mit Speck gebraten verzehrt.

Ein Mohrenkopf im Fichtenwald

Wer schon einmal einen Mohrenkopf-Milchling gefunden hat, der stimmt sofort zu, dass dieser Pilz gerade so aussieht wie ein Mohrenkopf, in den gerade jemand gebissen hat, so dass die weiße Füllung zu sehen ist. Zwar hat der Pilz noch viele andere Volksnamen, der passendste dürfte aber „Mohrenkopf" sein.

Mohrenkopf-Milchling
Lactarius lignyotus

- Milchling
- Juli bis Oktober
- Berg-Nadelwald
- essbar

Merkmale

Hut 2–10 cm, samtig schwarzbraun. Lamellen weißlich. Stiel ebenfalls samtig schwarzbraun. Stielspitze runzelig.

Wer den **Mohrenkopf-Milchling** einmal kennengelernt hat, wird ihn kaum wieder vergessen. Sein dunkler, schwarzbrauner Hut und Stiel stehen in krassem Gegensatz zu den anfangs weißlichen, später sahnegelblichen Lamellen. Das düstere Aussehen hat dem Pilz weitere treffende Namen wie „Kaminfeger", „Essenkehrer" oder „Schornsteinfeger" eingebracht. Unsere französischen Nachbarn nennen ihn *„Lactaire à tête noire"*, zu deutsch Schwarzkopf-Milchling; in Italien heißt er wegen seinem Vorkommen im Berg-Nadelwald *„Lattario delle abetaie di montagna"*. Die Schweden nennen ihn *„sotriska"*, zu deutsch „Ruß-Milchling", und sein wissenschaftlicher Name (griechisch lignys = Ruß) bezieht sich ebenfalls auf seine dunkle Färbung. Man findet den unverwechselbaren Pilz nur in Berg-Nadelwäldern unter Fichten. Im Flachland sucht man ihn vergebens.

Was tun denn Heringsdosen im Wald?

Wer an den Standort vom Brätling kommt, der rümpft die Nase. Es riecht nach Heringslake, und das nicht wenig. Hat hier einer seine Heringsdosen im Wald entsorgt? Tatsächlich ist der Geruch, den ältere, schon etwas vergammelte Brätlinge in der Sommerhitze verströmen, nicht weit entfernt von dem, den Heringsdosen hinterlassen.

Brätling
Lactarius volemus

- Milchling
- Juli bis November
- Laub- und Nadelwald
- essbar

Merkmale

Hut 6–15 cm, gelbbraun bis braunorange. Stiel hutfarben. Lamellen an Druckstellen langsam bräunend. Milch weiß.

Der **Brätling**, auch Milchbrätling genannt, da er sehr viel weiße Milch aussondert (Bild unten), ist im Alter schon allein an seinem Geruch zu erkennen. Eine feine Nase wird in diesem Fall im Gegensatz zu vielen anderen Pilzarten nicht benötigt! Und dieser Geruch überträgt sich auch sehr schnell, so dass man nach dem Anfassen des Brätlings auf jeden Fall die Hände waschen muss, sonst wird man den Heringsgeruch nicht los. Wer nun aber meint, dass so ein geruchsbeladener Pilz nicht schmecke, irrt sich. Der Brätling verliert nämlich seinen jung ohnehin noch schwach entwickelten Geruch beim Zubereiten. Wie schon sein Name verrät, eignet er sich am besten zum Braten, denn beim Kochen wird er leicht schleimig. Leider ist der früher verbreitete Pilz selten geworden und man sollte ihn, wo er noch vorkommt, deshalb nicht mehr sammeln.

Kennzeichen „rotorange Milch"

Für den Pilzsammler ist es immer wieder erfreulich, wenn es schmackhafte, essbare Pilze gibt, die durch irgendein auffallendes Kennzeichen unverwechselbar sind. Und gibt es etwas Eindeutigeres als orangefarbene, karottenrote oder weinrote Milch, die beim Anschneiden austritt?

Edel-Reizker
Lactarius deliciosus

- **Milchling**
- **August bis Oktober**
- **unter Kiefern**
- **essbar**

Merkmale

Hut 5–15 cm, orangefarben mit rotgelben Zonen, alt trichterförmig. Lamellen alt grünfleckig. Stiel blassorange mit dunkleren Gruben.

Schneidet man einen **Edel-Reizker** durch, dann tritt sofort reichlich karottenrote, mild schmeckende Milch zutage, die nur langsam verblasst. Wie der wissenschaftliche Name schon sagt (lateinisch deliciosus = wohlschmeckend), handelt es sich beim Edel-Reizker um einen schmackhaften Speisepilz. Seine verschiedenen Verwandten sind ebenfalls essbar, im Geschmack jedoch recht unterschiedlich zu beurteilen. Der Fichten-Reizker, ein typischer Begleitpilz der Fichte, ist weit verbreitet und kann massenhaft auftreten. Unter Weißtannen wächst ebenfalls oft in großen Mengen der Lachs-Reizker. Bei diesen beiden Pilzen verfärbt sich die karottenrote Milch allerdings nach einigen Stunden weinrot.
Im Mittelmeergebiet wächst der Weinrote Kiefernreizker, der sehr köstlich schmeckt. Wir haben schon oft beobachtet, dass viele Südländer nur Jagd auf diesen Pilz machen und alle anderen – zu unserer Freude – stehen ließen.

Wenn es im Ried nach Maggi duftet

An meine erste Bekanntschaft mit dem Maggipilz kann ich mich bestens erinnern: In den schweren Duft des erwärmten Moorbodens mischte sich plötzlich ein würziger Duft von Liebstöckel. Dieses beliebte Küchenwürzkraut war aber um alles in der Welt nicht im Ried zu erwarten.

Maggipilz
Lactarius helvus

- Milchling
- Juli bis Oktober
- Feuchtgebiete
- giftig

Merkmale

Hut 3–15 cm, gelbbraun bis fleischocker, feinschuppig-filzig. Stiel hutfarben. Lamellen gelblichweiß bis ocker.

Bei Windstille verbreiteten ältere Exemplare vom **Maggipilz** in der Sommerhitze einen unverwechselbaren Liebstöckel-Geruch, der identisch ist mit der bekannten Suppenwürze und der dem Pilz auch seinen Volksnamen gab. Auch wenn der Duft nach fein gewürzter Suppe noch so verführerisch ist, essen sollte man den Maggipilz nicht. Er verursacht besonders roh genossen Übelkeit, Durchfall und Erbrechen. Getrocknet und fein zerrieben gilt er in kleiner Dosierung als guter Würzpilz. Die filzigen Hutschüppchen, die es nur bei wenigen Milchlingen gibt, verhalfen ihm auch zu dem Namen Filziger Milchling. Und den treffenden Namen Bruch-Milchling hat er aufgrund der Zerbrechlichkeit von Hut und Stiel bekommen.

Nichtblätterpilze

In der Gruppe der Nichtblätterpilze sind die verschiedensten Pilze zusammengefasst. Sie tanzen mit ihrer Formenvielfalt und den unterschiedlichsten Lebensweisen ganz aus der Reihe, zumal sehr viele von ihnen nicht in unsere Vorstellung vom Pilz mit Hut und Stiel passen.
Solch ein Nichtblätterpilz ist zum Beispiel der allseits bekannte und als Speisepilz hoch geschätzte Pfifferling. Auf den ersten Blick könnte er zu den Blätterpilzen gerechnet werden. Bei genauerem Hinsehen zeigt es sich aber, dass er unter dem Hut keine Lamellen, sondern so genannte Leisten trägt. Zu den Nichtblätterpilzen gehören auch die Porlinge mit ihren zähen, oft konsolenartig wachsenden Fruchtkörpern. Gesehen hat sicherlich schon jeder diese mehr oder weniger großen Gestalten, die vor allem an lebendem oder totem Holz wachsen. Aber dass es sich hierbei um Pilze handelt, ist nicht jedem klar. Auch die fußballgroßen Fruchtkörper vom Riesenbovist, die verzweigten bunten Fruchtkörper vom Klebrigen Hörnling, die „Staubwolken“ ausstoßenden Stäublinge und Boviste oder die farbenprächtigen, schüsselförmigen Becherlinge werden nicht immer gleich als Pilz erkannt.

Pfifferling
Cantharellus cibarius

- Pfifferling
- Juni bis November
- Laub- und Nadelwald
- essbar

Merkmale

Hut 3–10 cm, jung gewölbt, später trichterförmig, blass- bis dottergelb. Stiel mit herablaufenden Leisten. Fleisch fest.

Pfifferlinge fürs Tafelsilber

Pfifferlinge wurden in früheren Zeiten in unseren Wäldern körbeweise gesammelt. So hat uns eine alte Schwarzwälder Bäuerin erzählt, dass der Erlös aus dem Verkauf von Pfifferlingen und Heidelbeeren den jungen Frauen zur Anschaffung des Tafelsilbers diente. Fleißige Leute!

Heute findet man den beliebten **Pfifferling** leider nicht mehr in solchen Mengen, dass man Körbe damit füllen könnte. Gebietsweise, besonders in der Nähe größerer Städte, ist der Pilz kaum noch anzutreffen. Umwelteinflüsse, Veränderungen in der Forstwirtschaft aber auch übermäßiges Sammeln sind als Ursachen für den Rückgang zu nennen. Die im Handel und in der Gastronomie angebotenen „frischen Pfifferlinge" kommen meist aus Ostländern.
Der Pfifferling gehört zu den Pilzen, die fast jeder kennt, und der auch von ganz Unerfahrenen als Speisepilz gesammelt wird. Zumal er über Jahre hinweg an den gleichen Plätzen vorkommt und oftmals herdenweise wächst. Leider reißen einige Pilzsammler sogar noch die kleinsten Exemplare mitsamt dem anhängenden Pilzgeflecht aus und tragen damit immer mehr zu seinem Aussterben bei! Sein Fleisch ist fest, meist madenfrei und lange haltbar – alles ideale Eigenschaften für einen beliebten Marktpilz.

Die Trüffel des kleinen Mannes

Wegen seines dünnen Fleisches kann dieser Pilz sehr gut und schnell getrocknet werden. Als Pilzpulver zerrieben oder in der elektrischen Kaffeemühle gemahlen, entfaltet er ein ausgezeichnetes Aroma. Bisweilen werden Herbst-Trompeten sogar als Ersatz von Morcheln und Trüffeln verwendet.

Herbst-Trompete
Craterellus cornucopioides

- Trompete
- August bis November
- Laubwald
- essbar

Merkmale

Nicht in Hut und Stiel gegliedert, innen graubraun außen hellgrau, bei Regen fast schwarz, trompetenförmig, hohl.

Die **Herbst-Trompete** erscheint in manchen Jahren als Massenpilz und kann dann in großen Mengen gesammelt werden, in anderen Jahren fehlt sie gänzlich. Der Pilz wächst meist gesellig und büschelig hauptsächlich unter Rotbuchen auf kalkhaltigen Böden und ist standorttreu. Weil der Hut übergangslos in den Stiel übergeht, sieht der Pilz wie eine Trompete (Name!) oder ein Füllhorn (lateinisch cornucopia = Füllhorn) aus. Toten-Trompete wird dieser Pilz auch genannt. Dieser Name bezog sich allerdings nur auf sein wenig einladendes Erscheinungsbild und hatte absolut nichts mit seiner Essbarkeit zu tun! Vom Regen durchnässte Herbst-Trompeten sehen besonders schlimm aus. Herbst-Trompeten sind gute Speise- und beliebte Würzpilze. In hellen Saucen erinnern die dunklen Stücke an Trüffeln oder Morcheln, wenn sie auch nicht ganz so fein schmecken wie diese.

Herkuleskeule
Clavariadelphus pistillaris

- Riesenkeule
- August bis November
- in Kalk-Buchenwäldern
- kein Speisepilz

Merkmale

6–30 cm hoher, meist keulenförmiger, unverzweigter, oben abgerundeter Fruchtkörper, hellgelb, später ockerfarben.

Die Faustwaffe der Waldgeister

Wer durch den Buchenwald geht und dabei auch immer wieder seinen Blick auf dem Boden schweifen lässt, der könnte an Kobolde glauben, findet er die ockerfarbenen Herkuleskeulen. Diese keulenförmigen Pilze stehen im Laubstreu, wie wenn eine Horde Kobolde sie gerade hingestellt hätte.

Die schlanke Keulenform, aber auch die Tatsache, dass die **Herkuleskeule** bis zu 30 cm hoch werden kann, hat diesem Pilz den treffenden Namen eingebracht. Auch die wissenschaftliche Bezeichnung bezieht sich auf die in der Pilzwelt ungewohnte Form (lateinisch pistillum = Pistill). Mit zunehmendem Alter wird diese „Faustwaffe der Kobolde" allerdings immer weniger gefährlich, denn die glatte Oberfläche wird nun runzelig und der Fruchtkörper verliert seine straffe Keulenform. Die etwas kleinere Abgestutzte Keule (kleines Bild) ähnelt vor allem im Jugendstadium der Herkuleskeule. Sie unterscheidet sich später jedoch durch ihre deutlich abgestutzte Form: Sie schaut dann aus wie eine Herkuleskeule, die einen Schlag aufs Haupt bekommen hat. Die Zungenkeule, eine weitere Verwandte, ist noch kleiner. Ihr Lebensraum sind Berg-Nadelwälder.

Des einen Freud', des andern Leid

Was den Pilzsammler freut, nämlich die Größe und Ergiebigkeit dieses Speisepilzes, der mehrere Kilogramm schwer werden kann, das bringt dem Waldbesitzer oder Forstwirt großen Ärger. Die Krause Glucke nämlich ist ein starker Schädling der Wald-Kiefer.

Krause Glucke
Sparassis crispa

- Glucke
- August bis Oktober
- unter Nadelbäumen
- essbar

Merkmale

Fruchtkörper etwa 10–20 cm breit und hoch, einem Badeschwamm ähnlich. Die welligen, krausen Äste sind am Ende abgeplattet.

Die **Krause Glucke** erinnert von weitem an einen Badeschwamm oder an eine am Baum sitzende, sich aufplusternde Henne. Scheuen Sie sich aber nicht, Fuchs zu spielen und den Fund mitzunehmen – der Pilz schmeckt köstlich! Der voluminöse Pilz ist ein Parasit der Waldkiefer, der bevorzugt zunächst einmal die Wurzeln in Stammnähe befällt. Hier „verankert" er sich mit seinem kräftigen knorpelfleischigen Strunk tief im Holz (Bild unten). Im befallenen Baum breiten sich seine Pilzfäden dann bis zu einigen Metern hoch im Stamm aus und verursachen eine Braunfäule im Kernholz. Der Parasit erscheint mehrere Jahre am gleichen Baum. Selbst wenn dieser gefällt ist, entwickeln sich über einige Jahre hinweg noch Fruchtkörper, die allerdings etwas kleiner ausfallen. Für den Pilzsammler lohnt es sich also, die Fundplätze alljährlich wieder aufzusuchen.

Semmel-Stoppelpilz
Hydnum repandum

- Stoppelpilz
- Juli bis November
- Laub- und Nadelwald
- essbar

Merkmale

Hut 4–10 cm, jung gewölbt, später flach, semmelgelb bis fast weiß. Stiel 3–7 cm. Fleisch fest, blassgelb.

Stacheln – einmal nicht zum Schutz!

Stacheln werden in der Natur oftmals zur Verteidigung eingesetzt. Man denke nur an die Stacheln der Rosen oder die des Igels. Die Stacheln auf der Hutunterseite des Semmel-Stoppelpilzes dienen jedoch nicht der Verteidigung, sondern wurden als Mittel zur Vermehrung der Sporenmenge entwickelt.

Von oben her betrachtet, kann der **Semmel-Stoppelpilz** leicht mit dem Pfifferling verwechselt werden. Dreht man den Hut um, ist jedoch alles klar: An den dicht gedrängt stehenden Stacheln, die mit etwas Fantasie an ein Mini-Stoppelfeld erinnern (Bild oben), ist er allerdings unverwechselbar. Wozu aber diese außergewöhnlichen Gebilde, die im Pilzreich relativ selten vorkommen? Die Stacheln vergrößern die sporenbildende Schicht auf der Unterseite des Hutes, mit diesem Trick verschafft sich der Pilz eine größere Nachkommenschaft. Junge Semmel-Stoppelpilze sind essbar, schmecken allerdings nicht so würzig wie Pfifferlinge, sind aber wie diese auch kaum von Maden durchsetzt. Semmel-Stoppelpilze wachsen langsam und bleiben besonders im Herbst relativ lange im Wald stehen – dabei wird ihr Fleisch allerdings zunehmend bitter. Solch überalterte Pilze eignen sich nicht mehr zum Verzehr.

Der Malerpilz der Indianer

Die weißliche Porenschicht unter den Hüten dieses Lackporlings verfärbt sich bei Berührung in frischem Zustand bräunlich, so dass man mit dem Fingernagel oder einem Stückchen Holz auf dem Pilz malen kann. Das hat dem Pilz in Amerika auch die Bezeichnung „Malerpilz“ eingebracht.

Flacher Lackporling
Ganoderma lipsiense

- Lackporling
- ganzjährig
- an Laub- und Nadelholz
- kein Speisepilz

Merkmale

Fruchtkörper bis 40 cm, oft dachziegelig wachsend, graubraun bis rotbräunlich mit weißem Rand. Poren weißlich.

Wer auf der Porenschicht vom **Flachen Lackporling** einmal „gemalt“ hat, kann sich gut vorstellen, dass diese Technik, die vor allem in Amerika heute vielfach angewandt wird, auch schon von Urvölkern angewendet wurde. Eine bekannte amerikanische Künstlerin, die auf Lackporlingen sehr schöne Naturzeichnungen anfertigt, ist Bernice Fatto. Ältere Pilzhüte zeigen auf der Unterseite ein weiteres, interessantes Erkennungsmerkmal: Sie trägt oft Dutzende zapfenförmiger Gallenbildungen, die von den Larven einer Pilzfliege bewohnt werden. Wenn die Larven erwachsen sind, nagen sie ein Loch durch ihre Behausung, fallen zu Boden und verpuppen sich dort. Andere ähnliche holzige Porlinge bleiben von den Larven verschont.

Man findet den leicht zu erkennenden Baumschwamm in Wäldern, Parkanlagen und Alleen auf Stümpfen oder an Stämmen von gestürzten Laubbäumen, selten auch an Nadelhölzern.

Schwefelporling
Laetiporus sulphureus

- Schwefelporling
- Mai bis Oktober
- an Laub- und Nadelbäumen
- jung essbar

Merkmale

Fruchtkörper 10–30 cm, leuchtend schwefel- bis orangegelb, alt blass. Röhren schwefelgelb, nicht ablösbar. Fleisch gelb.

Schön fürs Auge – tödlich für den Baum

Schon von weitem lenken die schwefelgelben, dachziegelartig angeordneten Fruchtkörper des Schwefelporlings an den Stämmen von Laub- und Nadelbäumen die Blicke auf sich. In diesem Stadium allerdings hat der Pilz bereits ein beträchtliches Zerstörungswerk im Baum angerichtet.

Der **Schwefelporling** bildet eine wahre Augenweide, wenn er sich zu oft riesigen Gebilden entwickelt, die konsolenartig vom Stamm der befallenen Bäume abstehen. Anfangs sind die welligen Fruchtkörper orangefarben mit schwefelgelbem Rand, später verblassen sie bis zu einem schmutzigen Grauweiß. Die Reste alter, ausgebleichter Fruchtkörper bleiben bis ins Frühjahr hinein an den kranken Bäumen hängen.

So schön dieser Baumpilz aussieht, so gefährlich ist er für seinen Wirt. Splintholz und Rinde werden kaum angegriffen, so dass der schon „todkranke" Baum noch lange stehen bleibt.

Im befallenen Holz verursacht der Pilz nämlich eine intensive Braunfäule, die den Baum mit der Zeit immer mehr „aushöhlt". Bei jungen Pilzen ist das Fleisch sehr weich und saftig und kann nach vorherigem Brühen paniert und gebraten werden.

Ein Pilz für das Buch der Rekorde

Der Riesenporling verdient seinen Namen zu Recht. Seine Einzelfruchtkörper sind an der Basis zusammengewachsen und bilden riesige, unübersehbare, in Ausnahmefällen bis über einen Meter große und bis 70 kg schwere, imposante Riesenfächer aus. Das schafft sonst kaum einer der Großpilze!

Riesenporling
Meripilus giganteus

- Riesenporling
- Juli bis Oktober
- an Rotbuchen
- jung essbar

Merkmale

Einzelfruchtkörper 10–30 cm, meist dachziegelig übereinander, gelb- bis rotbraun, gezont, runzelig. Röhren weiß bis creme.

Auch wenn ein **Riesenporling** zur Verpflegung einer großen Tafelgesellschaft ausreichen würde, für die Küche sind die ausgewachsenen Riesen ziemlich untauglich. Selbst über den Speisewert junger Pilze (Bild oben) gehen die Meinungen weit auseinander. Am besten schmecken sie noch, wenn man sie in Würfel zerschneidet und gut gewürzt in Speck brät. Der Riesenporling wächst vor allem an Stümpfen oder älteren Stämmen noch lebender Rotbuchen, in denen er eine intensive Weißfäule hervorruft, die allmählich das Holz zersetzt und den Baum zum Absterben bringt. Die weißen Poren und das weiße Fleisch schwärzen bei Berührung. Darin unterscheidet sich der Pilz von seinem Doppelgänger, dem Bergporling, dessen Fleisch auf Druck nicht schwärzt. Beide Pilze wachsen schnell heran und sind relativ kurzlebig. Spätestens im November fallen ihre stattlichen Fruchtkörper zusammen.

Birken-Porling
Piptoporus betulinus

- Hautporling
- ganzjährig
- an Birken
- kein Speisepilz

Merkmale
Fruchtkörper 8–30 cm, halbkreis- bis kissenförmig, hell- bis graubraun; Poren jung weißlich, alt grau-gelblich.

Der Mörder im Birkenwald

Wenn die zunächst noch kleinen, mehr oder weniger eiförmigen, hellbraunen Fruchtkörper des Birken-Porlings am Baum erscheinen, ist dessen Todesurteil bereits gefällt. Die feinen Pilzfäden des Mörders haben schon gnadenlos Stamm und Äste durchzogen und beginnen nun, das Holz zu zerstören.

Der **Birken-Porling** kommt nur an Birken vor. Damit zeichnet sich dieser Pilz durch eine bei Holzbewohnern selten zu beobachtende „Wirtstreue" aus – eine sichere Bestimmungshilfe. Bäume in schattigen und feuchten Wäldern sind sein beliebtestes Angriffsziel. Hier befällt er bevorzugt ältere und leicht geschwächte Bäume. Oftmals dringt er durch Aststummel in das Holz ein. Der gefürchtete Parasit verursacht im befallenen Baum eine aktive Braunfäule. Mit Hilfe einer „Geheimwaffe", dem selbst erzeugten Enzym Zellulase, wird das Holz, genauer gesagt, sein Kohlehydratanteil, nicht aber das Lignin, zerlegt.
Das Holz wird rotbraun und zerfällt schließlich würfelig (kleines Bild). Umgestürzte Bäume zerbrechen meist in mehrere Stücke. Bisweilen findet man an den Bruchstücken noch weiterwachsende Fruchtkörper, die sich nun vom Totholz ernähren.

Unsagbar klein und unsagbar viele

Der Schuppige Porling gehört zu den Riesen im Pilzreich. Er ist relativ selten, aber dort, wo er auftritt, kaum zu übersehen. Seine einzeln oder dachziegelig wachsenden Fruchtkörper können bei günstiger Witterung in wenigen Tagen heranwachsen und gigantische Sporenmengen entwickeln.

Schuppiger Porling
Polyporus squamosus

- Stielporling
- April bis Oktober
- an Laubbäumen
- kein Speisepilz

Merkmale

Hut 8–60 cm, gelb bis ockergelb mit dunkelbraunen Schuppen. Poren blassgelb. Stiel 4–8 cm, seitlich wachsend.

Eine einzelne Spore vom **Schuppigen Porling** ist etwa 12 Mikrometer (µm) lang, das sind 1/120 Millimeter (mm)! Ohne Hilfsmittel ist sie mit dem Auge nicht sichtbar. Zur Erkennung ihrer Form und deren genauer Größenmessung benötigt man ein Mikroskop. Die Zahl der winzigkleinen Sporen ist gigantisch – es wird geschätzt, dass ein einziger Hut rund 10 Milliarden Sporen produziert! Der Schuppige Porling, wegen seiner dunkelbraunen Schuppen auch Schwarzschuppiger Porling genannt, wächst an verschiedenen lebenden und toten Laubbäumen und Baumstümpfen und erzeugt im befallenen Holz eine Weißfäule. Der Pilz kann über mehrere Jahre hinweg am gleichen Baum oder auch an am Boden liegenden toten Stämmen erscheinen. Die jungen, meist fächerförmig wachsenden Hüte wurden in Notzeiten auch gegessen. Ausgekocht soll er eine gute Brühe ergeben. Es stellt sich die Frage: Wie viel Rindfleisch wird mitgekocht?

Sklerotien-Stielporling
Polyporus tuberaster

- Stielporling
- April bis Oktober
- an Laubholz
- essbar

Merkmale

Hut 2–15 cm, gelbbraun bis rotbräunlich mit dunkleren, radial angeordneten Schuppen. Stiel 2–6 cm, gelbweißlich.

Pilze, die aus Steinen wachsen

Der Sklerotien-Stielporling wächst normalerweise an Laubholz, das dem Boden aufliegt. Für die Fachwelt war es vor wenigen Jahren eine kleine Sensation, als man feststellte, dass derselbe Pilz auch aus einem im Erdboden liegenden klumpenartigen „Pilzstein" hervorwachsen kann.

Was steckt nun hinter diesen „Pilzsteinen"? Das Pilzgeflecht des **Sklerotien-Stielporling**s hat die Fähigkeit, unter gewissen Voraussetzungen in der Erde ein Überdauerungsorgan aus Pilzgeflecht, Erde und kleinen Steinen zu bilden (Pseudosklerotium). Legt man diese Gebilde in feuchte Keller, können sich daraus Fruchtkörper entwickeln. In Mitteleuropa bildet der Holzbewohner diese Pilzsteine nur selten aus, im wärmeren Italien dagegen ist das häufiger der Fall. Diese höchst ungewöhnliche Erscheinung war auch Wolfgang von Goethe bekannt geworden. Der Dichterfürst und begeisterte Mineraliensammler zeigte höchstes Interesse an den „Steinen aus Italien", aus denen man Pilze wachsen lassen kann. Er hatte aber mit den ihm zugeschickten italienischen „Pietra fungaja" kein Glück, Fruchtkörper haben sich bei ihm keine entwickelt.

Ein äußerst dekorativer Pilz

Schmetterlings-Trameten werden wegen ihrer bunt gezonten, seidenartig glänzenden Hüte und ihrer guten Haltbarkeit sehr gern als Schmuck in Blumengestecken oder Trockensträußen verwendet. Früher zierten die getrockneten Pilze sogar Hüte und andere Bekleidungsstücke.

Schmetterlings-Tramete
Trametes versicolor

- Tramete
- ganzjährig
- an Laub- und Nadelholz
- kein Speisepilz

Merkmale
Fruchtkörper 3–8 cm, wellig, feinsamtig, mit verschiedenfarbigen, konzentrischen Zonen. Poren weißlich bis gelblich.

Die **Schmetterlings-Tramete**, auch Bunte Tramete genannt, ist ein weit verbreiteter holzabbauender Pilz und das ganze Jahr über in fast jedem Wald anzutreffen. Der langlebige Pilz ist sehr „lichthungrig" und wächst daher bevorzugt an sonnigen Waldrändern auf totem Holz. Seine Hüte wachsen dachziegelig auf Laubhölzern, seltener jedoch auf Nadelholzarten. Oft überziehen sie die Stümpfe gefällter Bäume rosettenartig oder bilden an Ästen Hunderte rundlich-halbierte oder nierenförmige Fruchtkörper aus. Manchmal wird dieser Pilz auch „König der Metamorphose" genannt, da er in ganz verschiedenen Ausfärbungen, stets jedoch mit zum Rand hin helleren Zonen vorkommt. Zu Dekorationszwecken sollte der Pilz sehr gut getrocknet werden, damit er nicht von Schädlingen befallen und zersetzt wird.

„Gib ihm Zunder!“

Bis zur Erfindung der Zündhölzer war Feuer machen eine mühsame Angelegenheit. Mit Eisen und Feuerstein wurden Funken geschlagen, die den aus dem Zunderschwamm gewonnenen Zunder zum Glimmen brachten, mit dem wiederum trockenes Stroh oder Gras entzündet wurde.

Zur Herstellung von Zunder schnitt man das zähe Pilzfleisch (Trama) unter der Hutkruste des **Echten Zunderschwamm**s heraus, trocknete es und tränkte es dann mit einer Salpeterlösung. Nach erneuter Trocknung war der Zunder fertig. Die benötigten Gerätschaften sind längst vergessen und bestenfalls noch in Heimatmuseen zu bestaunen. Nur der Begriff „gib ihm Zunder“ , wenn jemandem „eingeheizt“ wird, ist bis heute lebendig geblieben. Der Pilz wurde auch als Ersatz für Textilien oder Leder zur Herstellung von Hüten, Westen, Taschen und Handschuhen gebraucht. In manchen Ostländern werden heutzutage wieder kunstvoll gefertigte Gegenstände wie Handtaschen als Souvenirs aus Zunderschwämmen gefertigt. In naturnahen Wäldern, wo die sterbenden Bäume lange stehen bleiben, sind die Konsolen der Zunderschwämme ein letzter Schmuck, der die „Baumleichen“ ziert (Bild links).

Echter Zunderschwamm
Fomes fomentarius

- **Zunderschwamm**
- **ganzjährig**
- **an Laubbäumen**
- **kein Speisepilz**

Merkmale

10–50 cm, bräunlich bis graulich, konzentrisch gefurcht, mit harter Kruste. Poren jung weißgrau, alt bräunlich.

Stinkmorchel
Phallus impudicus

- Stinkmorchel
- Juni bis Oktober
- Laub- und Nadelwald
- als Hexenei essbar

Merkmale

Jung unterirdisch, eiförmig. Hut 3–6 cm, glockig, mit olivbrauner, stinkender Schleimschicht bedeckt. Stiel bis 20 cm, weiß.

Sporenversand via Kurierdienst

Schon von weitem lässt der aasartige Geruch im Wald auf Stinkmorcheln schließen. Dieser widerliche Gestank, der von der schleimigen, olivbraunen Schicht kommt, die sich über den Hut ergießt, hat einen ganz bestimmten Zweck: Die vom „Duft“ angelockten Fliegen sollen die im Schleim enthaltenen Sporen verbreiten!

Die **Stinkmorchel** entwickelt sich aus einem unterirdisch heranwachsenden, cremefarbenen, eifömigen Gebilde, dem so genannten „Hexenei“. Zur Reifezeit reißt die Eihülle auf und der fertig vorgebildete Pilz schiebt sich innerhalb weniger Stunden heraus. Der wabenartige Hut ist von einer stinkenden Schleimschicht bedeckt, in der die Sporen liegen. Nun brauchen sich nur noch aasfressende Insekten einfinden, die den Schleim auflecken und beim Weiterfliegen die anheftenden Sporen verteilen. Die Phallusgestalt der Stinkmorchel hat seit Urzeiten die Fantasie und den Aberglauben der Menschen beflügelt. Kein Wunder, wenn man der Stinkmorchel und deren geheimnisvoll im Waldboden heranwachsenden Eiern Fruchtbarkeitshilfe und Stärkung sexueller Freuden zugesprochen hat und sie als Aphrodisiakum verwendete.

Als blinder Passagier nach Europa

Viele Pflanzen und Tiere hat der Mensch aus ihrer Heimat umgesiedelt, oder sie sind ihm ungefragt gefolgt. Nutz- und Zierpflanzen wurden gezielt eingebürgert. Die Sporen vom Tintenfischpilz kamen vermutlich in einer Wollladung aus Australien oder Neuseeland per Schiff nach Europa.

Tintenfischpilz

Clathrus archeri

- Gitterling
- Juli bis November
- Wiesen und Wälder
- kein Speisepilz

Merkmale

Aus einem „Hexenei" schieben sich zur Reifezeit 4 – 6 zerbrechliche, etwa 10 cm lange, leuchtend rote Arme.

Woher der **Tintenfischpilz** seinen Namen hat, braucht man wohl nicht zu erklären – sein Aussehen spricht für sich. Die Entwicklung dieses Pilzes verläuft wie bei der Stinkmorchel über das so genannte „Hexenei". 1914 tauchten seine Fruchtkörper erstmals in den Vogesen auf. Von da ging es auf dem Landweg weiter. 1934 war er in der Rheinebene angekommen. 1942 hat man ihn erstmals in der Schweiz im Kanton Aargau gefunden und 1977 hat er die Ostsee erreicht. Schaden richtet der auffällige Pilz auf seinem Vormarsch keinen an und es wird sich zeigen, ob er seine Verbreitungsgrenze in Europa schon erreicht hat oder ob er weiter vordringt. Der Tintenfischpilz bevorzugt warme Laub- und Mischwälder, kommt aber auch auf Wiesen, Alpweiden und in Nadelwäldern vor. An Geruch übertrifft dieser Pilz sogar noch die Stinkmorchel!

Riesenbovist
Calvatia gigantea

- Bovist
- Juni bis September
- Wiesen und Weiden
- essbar

Merkmale

Fruchtkörper 10–50 cm, rundlich, jung weißlich, fein lederartig, später gelbbraun bis braun und papierartig aufbrechend.

Ein schnell wachsender Gigant

Mit schöner Regelmäßigkeit findet man zur Pilzzeit in Tageszeitungen Bilder und Berichte über fußball- bis kürbisgroße Boviste mit einem Gewicht von 20 – 25 kg, die innerhalb weniger Tage herangewachsen sind. Der Pilzsammler, der ein solches Exemplar findet, hat für die nächste Zeit ausgesorgt.

Der **Riesenbovist** gehört zu den Bauchpilzen, die im Gegensatz zu Röhren- und Lamellenpilzen ihre Sporen im Innern ihrer Fruchtkörper bilden. Er liegt in der Sporenproduktion mit geschätzten fünf Billionen Sporen an der Spitze! Im vollreifen Zustand blättert die Außenhaut der großen „Kugel" in großen Stücken ab, und das Innere wird frei. Alte Exemplare sind als braune, vom Winde verwehte Mumien noch im nächsten Frühjahr anzutreffen, nachdem sie den Großteil ihrer Sporen entlassen haben. Solange sein Inneres schön weiß und fest ist, kann der Riesenbovist verzehrt werden. Als „Beamtenkotelett" zubereitet, schmeckt er vorzüglich. Dazu schneidet man die Fruchtkörper in fingerdicke Scheiben, würzt sie mit Pfeffer und Salz, paniert die Stücke in Ei und Semmelbröseln und brät sie wie ein Schnitzel in Butter goldbraun. Ein ausgewachsener Pilz stillt den Appetit einer hungrigen Großfamilie.

Mein Pilzwachstums-Prophet

Wann Pilze wachsen und wann nicht – dafür gibt es viele mehr oder weniger stimmende Regeln. „Beim Pilze sammeln bekommt man einen feuchten Schuh" – die Wetterregel alter Pilzsammler ist eine Binsenweisheit. Mein persönlicher Pilzwachstums-Prophet ist der Klebrige Hörnling!

Klebriger Hörnling
Calocera viscosa

- Hörnling
- Juni bis Dezember
- an Nadelholz
- kein Speisepilz

Merkmale
Fruchtkörper dotter- bis orangegelb mit gabelig verzweigten Ästen, feucht klebrig und biegsam, trocken hart.

Bei feuchter Witterung ist der **Klebrige Hörnling** dottergelb und klebrig-schlüpfrig, so dass man seine geweihartigen Fruchtkörper kaum mit den Fingern festhalten kann. Bei Trockenheit schrumpfen seine Fruchtkörper zu dünnen, dunkelorange gefärbten, hornartigen, unauffälligen Gebilden zusammen. Die eingetrockneten Fruchtkörper des Klebrigen Hörnlings sind für mich untrügliche Zeichen, dass es auch um das Wachstum anderer Arten schlecht bestellt ist. Der Klebrige Hörnling wächst in unterschiedlich großen Büscheln auf vermodernden Stümpfen und Wurzeln und auf im Boden liegendem Holz von Nadelbäumen und spielt eine wichtige ökologische Rolle beim Verrotten von Nadelholz. Als Speisepilz hat das Schönhorn, wie der hübsche Pilz auch genannt wird, keine Bedeutung. Man kann ihn allenfalls zum Garnieren verwenden.

Flaschen-Stäubling
Lycoperdon perlatum

- Stäubling
- Juni bis November
- Laub- und Nadelwald
- jung essbar

Merkmale

Fruchtkörper 2–5 cm breit, birnenförmig, jung weißlich, mit feinen, kegeligen Stacheln besetzt, im Alter olivbraun, stäubend.

Die Schnupftabakdose des Teufels

Der Flaschen-Stäubling entlässt bei der Reife seine Sporen als staubendes Pulver durch eine Öffnung im Scheitel. Das hat ihm auch so deftige Volksnamen wie Nonnenfürze, Fuß des Teufels (pedo del diablo), Teufels Schnupftabakdose oder Wolfsfurz (griechisch lycoperdon = Blähungen) eingebracht.

Der **Flaschen-Stäubling** gehört zu den Bauchpilzen, deren Sporen im Innern der Fruchtkörper heranwachsen. Am Ende des Reifeprozesses bildet sich eine Öffnung im Scheitel, so dass die Sporen austreten können. Tritt man auf die reifen Fruchtkörper, dann wird eine auffällige braune Sporenwolke entlassen.
Kinder machen sich einen Spaß, indem sie die reifen Pilze „rauchen" lassen. Man kann sie getrost spielen lassen, die Pilze werden ja nicht zerstört, die Kinder tragen so zur Sporenverbreitung bei. Stäublinge haben einen deutlich erkennbaren unteren Stielteil, in dem keine Sporenmasse entwickelt wird. Damit unterscheiden sie sich von den nahe verwandten Bovisten, bei denen sich fast die ganze Innenmasse bei der Reife zu Sporenmasse entwickelt.

Fluch und Segen des Mutterkorns

Einerseits hat der Mutterkornpilz im Mittelalter grausame Vergiftungen verursacht, denn die zwischen den Getreidekörnern heranwachsenden dunkelbraunen „Mutterkörner" wurden beim Dreschen nicht aussortiert. Andererseits enthält das Mutterkorn chemische Stoffe, die in der Medizin von großer Bedeutung sind.

Die eigentlichen Fruchtkörper des **Mutterkornpilzes** sind kaum jemandem bekannt. Was man kennt, sind die braunen Gebilde, die zwischen den Getreidekörnern in den Ähren sitzen – die Überdauerungsorgane (Sklerotien) dieses Getreideparasiten. Sie fallen auf den Boden, überdauern so den Winter, und im Frühjahr entwickeln sich dann daraus kleine in Kopf und Stiel gegliederte Fruchtkörper (Bild oben). Die hochgiftigen „Mutterkörner" kamen früher mit dem Mehl ins Brot. Erkrankte Menschen erlitten unvorstellbare Qualen, die im Mittelalter als „Antoniusfeuer" bezeichnet wurden. Mit dem Erkennen der Ursache und der Entfernung der Mutterkörner durch wirksame Getreidereinigung war der Schrecken besiegt. Auch die positiven Seiten des Mutterkorns wurden bereits frühzeitig erkannt und bis heute medizinisch genutzt.

Mutterkornpilz
Claviceps purpurea

- **Mutterkorn**
- **Frühjahr bis Sommer**
- **auf Getreideähren**
- **giftig**

Merkmale

Fruchtkörper in Kopf und Stiel gegliedert, bis 1,5 cm lang, ocker- bis orangegelb und fein dunkel punktiert.

Spitz-Morchel
Morchella elata

- Morchel
- März bis Mai
- Auenwälder
- essbar

Merkmale

Hut walzenförmig bis spitzkegelig mit wabenartigen Vertiefungen, grau- bis olivbraun. Stiel 3–6 cm, weißlich, grubig.

Auf Schatzsuche im Frühlingswald

Pilze sammelt man gewöhnlich im Sommer und Herbst. Kenner feinster Pilzdelikatessen gehen aber bereits im Frühjahr auf Pilzjagd! Wenn Huflattich und Waldveilchen zaghaft ihre ersten Blüten öffnen, ziehen Morchelsammler wie Schatzsucher scheu und achtsam durch ihre Jagdreviere.

Schon Anfang April lohnt es sich für den Pilzsammler, nach der **Spitz-Morchel** Ausschau zu halten. Die ersehnten Köstlichkeiten sind mit ihren graubraunen Hüten im herumliegenden Winterlaub und zwischen vertrockneten Gräsern allerdings gut getarnt, zumal ihre Hutspitzen vom Nachtfrost oft noch braun verfärbt sind. Spitz-Morcheln wachsen meist gesellig in Auenwäldern, wenig gepflegten Parkanlagen, in alten Obstgärten, auf Brandstellen und Holzlagerplätzen, oft erscheinen sie auch auf verletzten Böden an Waldwegen. Mit der Sitte der Gärtner, neu bepflanzte Gärten und Parkanlagen zur Unterdrückung der Unkräuter mit Rindenabfällen zu mulchen, haben Spitz-Morcheln neue, oft sehr ergiebige Lebensräume bekommen. Auf Rindenmulch erscheinen sie oft zu Hunderten. Das Glück währt aber nur 1–2 Jahre, dann werden die Ernten kleiner und die „Mulch-Morcheln“ verschwinden bald auf Nimmerwiedersehen.

Morcheln – eine besondere Delikatesse

Im Gegensatz zur Spitz-Morchel, die ich eher als launenhaft bezeichnen möchte, was ihr Vorkommen anbelangt, finden wir seit 25 Jahren herrliche Speise-Morcheln in einem sonnigen Eschenwäldchen. Meist gerade so viele, um deren köstlichen Geschmack immer wieder gebührend zu genießen.

Und welch kulinarische Genüsse uns die **Speise-Morchel** von dem unscheinbaren Plätzchen schon beschert hat: Morchel-Cremesuppe, Kalbfleischragout mit Morcheln, Morcheln in Bierteig, Filet mit Morcheln in Blätterteig, Coq au vin mit Morcheln, Lachs mit Morcheln ... das Wasser läuft mir im Munde zusammen! Mit Morcheln gelingt meiner Pilzkochbücher schreibenden Ehefrau immer wieder ein wunderbares Gericht. Geduldig ertragen unsere Morcheln die jährliche Ernte. Ende Mai ist Schluss, dann finden wir allenfalls noch ein paar alte, bereits weiche und hochgewachsene Exemplare, die wir zwecks Gewissensberuhigung zur Sporenverbreitung gern stehen lassen. Allerdings konnten wir noch nie sichtbare Erfolge verzeichnen. Im weiten Umfeld hielten wir bislang vergeblich nach denkbarer Morchel-Nachkommenschaft Ausschau. Speise- und Spitz-Morchel lassen sich gut trocknen (kleines Bild)!

Speise-Morchel
Morchella esculenta

- Morchel
- April bis Mai
- Laubwälder
- essbar

Merkmale

Hut rundlich-eiförmig, unregelmäßig wabenartig gekammert, graugelb bis hellocker, hohl. Stiel 3–9 cm, weißlich.

Frühjahrs-Lorchel
Gyromitra esculenta

- Lorchel
- März bis Juni
- Nadelwälder
- giftig

Merkmale

Hut rundlich, hirnartig gewunden, gelb-, rot- bis schwarzbraun. Stiel kurz, gekammert, weißlich bis gelblich.

Speise- oder Giftlorchel?

Die Frühjahrs-Lorchel galt früher als beliebter Speisepilz, der von März bis Juni massenhaft gesammelt und als Marktpilz verkauft wurde. Es hieß allerdings: Pilze abkochen und das Kochwasser wegschütten! Trotzdem kam es zu Vergiftungserscheinungen, so dass der Pilz als giftig eingestuft wurde.

Speise-Lorcheln (lateinisch esculenta = essbar), wie die **Frühjahrs-Lorchel** auch genannt wurde, hat man früher nicht nur für sich selbst oder zum Verkauf auf dem Markt gesammelt, sie wurden sogar industriell verarbeitet und in Dosen konserviert verkauft oder als Delikatesse Gemüsekonserven beigelegt. Trotz aller Vorsicht bei der Zubereitung von Lorchelgerichten wurden jedoch bereits im 18. Jahrhundert Fälle bekannt, in denen es zu leichten, aber auch zu tödlichen Vergiftungen kam. Nachdem festgestellt wurde, dass das Abkochen, das lange Zeit als Regel galt, um die Pilze zu „entgiften“, nachgewiesenermaßen keine Gewähr gegen Vergiftungen bietet, hat man den Pilz als Marktpilz verboten und ihm auch den Namen Gift-Lorchel verpasst. Auch die viel größere, zimtfarbene Riesen-Lorchel ist giftig.

Ein Kleinod für jeden Fotografen

Eine Völkerwanderung findet alljährlich auf der Schwäbischen Alb im Vorfrühling statt. Scharen von Wanderern ziehen staunend durch die Schluchtwälder und bewundern die Blüte der Märzenbecher. Wer Glück hat, findet dazwischen eine mykologische Kostbarkeit: den Zinnoberroten Kelchbecherling.

Der **Zinnoberrote Kelchbecherling** ist einer der schönsten und auffälligsten Becherlinge, und wer ihn findet, darf sich freuen. Wenn man sich bückt und ganz genau hinschaut, dann erkennt man, dass dieser schalen- bis becherförmige, auffallend rote Pilz einen kurzen weißlichen Stiel besitzt, mit dem er fest am Holz sitzt. Aus dieser Perspektive sieht der junge Pilz eher wie eine Sektschale aus. Der Höhepunkt der Wachstumsperiode vom Zinnoberroten Kelchbecherling fällt etwa mit der Blüte der Märzenbecher zusammen. Es bleibt ein unvergessliches Naturerlebnis, wenn man einige der leuchtend rot gefärbten Becherlinge an feuchten, felsigen und moosreichen Plätzen zwischen den weißen Blüten der Märzenbecher findet. Pilzfreunde kommen oftmals von weit her, um diesen Traumpilz einmal zu sehen und zu fotografieren.

Zinnoberroter Kelchbecherling
Sarcoscypha coccinea

- **Kelchbecherling**
- **Dezember bis Mai**
- **Schluchtwälder**
- **essbar**

Merkmale

Fruchtkörper 1–9 cm, becherförmig, innen leuchtend blutrot, außen heller, Rand lange eingebogen. Stiel etwa 3 cm.

Italienische Trüffel
Tuber magnatum

- Trüffel
- Juni bis März
- Laubwälder
- essbar

Merkmale
Weißliche bis beigefarbene 2–8 cm große Knolle, dicht von weißen, gelben oder grauen Adern durchzogen.

Jagdsaison in Alba

Kurz bevor das Städtchen Alba im sonnigen Piemont in den Winterschlaf fällt, läuft dort noch ein Rummel der besonderen Art. Bauern, Trüffelsucher, Händler, Meisterköche und unzählige Touristen treffen sich dort wegen einem in der Gastronomie hoch geschätzten Pilz – der weißen Italienischen Trüffel.

Die **Italienische Trüffel** ist zwar kein bei uns wachsender Pilz, wird in Delikatessläden aber relativ häufig angeboten. Zum Auffinden der unterirdisch wachsenden weißen oder schwarzen Knollen mit ausgesprochen aromatischem Duft werden Schweine oder Hunde abgerichtet. Dass die Trüffeln so aromatisch riechen hat etwas mit ihrer Fortpflanzungsstrategie zu tun. Sie werden von Waldtieren aufgespürt und gefressen. Die Sporen passieren unbeschadet den Darm der Tiere und werden dann mit dem Kot weiterverbreitet. Von Oktober bis November dreht sich in Alba alles um „Tartufo bianco", die Italienische Trüffel. Bauern und Pilzsucher bringen die berühmten Knollen fein säuberlich in Tücher gewickelt und in Dosen verpackt auf den Trüffel-Markt. Händler riechen mit verschlossenen Augen, begutachten und wiegen die teuren Stücke auf Präzisionswagen. Bis zu hundert Euro kann eine sehr große Trüffel ihrem Finder einbringen.

Telefonnummern der Informationszentren für Vergiftungsfälle

Deutschland

14059 Berlin, Landesberatungsstelle für Vergiftungserscheinungen, 030/19 240

37075 Göttingen, Giftinformationszentrum-Nord, Uni Göttingen, 0551/38 31 80 oder 19 240

53113 Bonn, Informationszentrale für Vergiftungen, Uni Bonn, 0228/287-3211, -3333

55131 Mainz, Beratungsstelle bei Vergiftungen, Uni Mainz, 06131/19 240 (Notruf) oder 23 24 66 (Anfragen)

66421 Homburg/Saar, Informations- und Beratungszentrum für Vergiftungsfälle der Universitätskliniken, 06841/19 240

79106 Freiburg, Informationszentrale für Vergiftungen der Unikinderklinik, 0761/2704 361 (Notruf), 43 00 01 (Zentrale)

81675 München, Giftnotruf München, Technische Uni München, 089/ 19 240

90419 Nürnberg, II. Medizinische Klinik des Städtischen Krankenhauses, 0911/39 82 451

99089 Erfurt, Gemeinsames Giftinformationszentrum der Länder Mecklenburg-Vorpommern, Sachsen, Sachsen-Anhalt und Thüringen, 0361/73 07 30

Österreich

1090 Wien, Vergiftungsinformation, Allgemeines Krankenhaus, 01/40 64 34 30

Schweiz

8028 Zürich, Schweizerisches Toxikologisches Informationszentrum, 01/251 51 51 und 01/251 66 6

Mit 239 Farbfotos vom Autor sowie einer Farbzeichnung von Wolfgang Lang

Umschlaggestaltung von Friedhelm Steinen-Broo, eStudio Calamar (Spanien) unter Verwendung von vier Aufnahmen vom Autor.

Bibliografische Information der Deutschen Bibliothek
Die Deutsche Bibliothek verzeichnet diese Publikation in der Deutschen Nationalbibliografie, detaillierte bibliografische Daten sind im Internet über http://dnb.ddb.de abrufbar.

Gedruckt auf chlorfrei gebleichtem Papier

ISBN 3-440-09543-6
Projektleitung: Stefanie Tommes
Lektorat: Sonnhild Bischoff
Grundlayout: eStudio Calamar, Pau (Spanien)
Produktion: Siegfried Fischer, Johannes Geyer, Lilo Pabel
Printed in Czech Republic / Imprimé en République tchèque